やさしい経営改善の教科書

今さら聞けない中小企業経営のイロハを学ぶ

田中孝樹
TANAKA TAKAKI

クロスメディア・パブリッシング

はじめに　利益を上げよう

本書のテーマは「会社の利益を増加させる方法」です。

私は事業再生のコンサルタントとして20年近く、現場で企業の収支改善サポートに取り組んできました。その中で、破綻寸前にある多くの会社をV字回復させ、継続的に収益の上がる「普通の」会社に変える手助けをしてきました。

世の中で事業再生という言葉がようやく定着してきたころ、「私的整理に関するガイドライン」が発表された時代に、私は事業再生の世界に関与し始めました。

はじめは、経営難に陥った企業のどこから手を付けていけばいいのかわからないままに、毎日「再生するんだ、再生するんだ」と意気込みだけで取り組んでいたのを懐かしく思い出します。

そして、バス会社やゼネコン、機械メーカー、スポーツ用品メーカー……私が様々な業種の再生案件に取り組む中で、「なぜ、うまく回復する企業とうまく回復しない企業があるのだろう？　どこに違いがあるのだろう？」という疑問が大きくなっていったのです。
「この企業の収益回復は難しいだろうな」と思った企業が1年後にV字回復したり、しっかり組んだはずの計画が大幅未達になったり。当時の事業再生は、全く結果が読めませんでした。当時の上司からは「お前の計画の作り方がおかしいんだ」と言われることもありました。

事業再生できる企業とできない企業の違い——この命題の答えを見つけるため、私は独立して経営コンサルティング会社を立ち上げました。そうして組織の一員だったころに比べ、実際に企業の現場で起こっている出来事に、直接触れることができるようになったのです。

その後、今日に至るまで、ありがたいことにいろいろな企業の再生に関与させていただき、多くの経験を積みました。おかげで今では、顧問企業との最初の打ち合わせの時に「コンサルティングによってこの程度の利益は出るようになるな、一方で最悪のパターンはこれくらいだな」と、入口の段階である程度の出口の姿が見えるようになりました。

たとえば、ある企業は万年赤字すれすれの経営でしたが、私が一緒に収支改善に取り組み、毎期1億円単位の利益を計上する企業に変革できました。

他のある企業は、有しているすべての店舗が赤字で存続に苦しんでいました。しかし、1年後、店舗はすべて黒字化することができました。

ある会社は売上至上主義で利益度外視の経営を行っており、設備もボロボロでしたが、一緒に改善に取り組んで、今では設備もピカピカ。以前よりもずっと大きな利益を計上する企業になりました。


一方で、顧問企業の中には私がコンサルティングに入っても全く改善に取り組まず、赤字体質から脱却できずに終わるケースもあります。

いろいろな事案に取り組む中で理解できたのは「利益を出すこと自体は、難しくはない。しかし、真剣に取り組まないと実現できない」という、経営の本質です。

よく私が顧問先への説明に使うのは、「偏差値35~40の状態から抜け出しましょう」というフレーズ。なにも東大に合格しようというのではなく、まずは普通の学校に入るために偏差値50を目指しましょう、という意図です。

偏差値50は平均点です。普通に勉強したら平均点は取れます。それができないのは、言い訳をして、必要な取り組みをやっていないからです。

そう、私が破綻寸前の会社を数多く現場でサポートする中で見てきたのは、万年赤字の会社は、企業として本来行うべきことができていないために、赤字から脱却できない、という状況なのです。

そして、本来行うべきことをきちんと行う体制にするよう私がアドバイスするだけで、ほとんどの会社は赤字から脱却できました。

恒常的な赤字体質を黒字にするのは、難しくはありません。

確保した黒字を継続するのも、難しくはありません。

やるべきこと、当たり前のことを淡々と実行すれば黒字は維持できるのです。

ここでいう黒字は何も、「業界トップを目指せ！」という大袈裟な話ではありません。普通の会社として、普通の利益を獲得できる体制を目指すだけです。

普通の会社とは、①安定的に利益を上げ、②従業員に平均＋αの給与を支払い、③取引先に迷惑を掛けずに普通の取引を行う——そんな企業のこと。それが、平均点の経営です。まずは平均点の経営体制を作ってこそ、やりたい仕事ができる会社になります。

この本で述べるのは、中小企業経営の基本的な方法です。取り組めば必ず、利益を獲得できます。従業員に賞与が出せます。取引先に恩返しができます。

この本を手にした、まだ利益が出ていない企業経営者の皆さん。ノウハウの一つひとつに取り組んで利益を確保してください。

私の言わんとする経営改善の考え方を理解していただくため、よく改善のイメージとしてクライアントにお見せしている損益のモデルを掲載します。左ページの表をご覧ください。

現状、売上が8億円だが、利益はなんとか100万円出すのがやっと、という会社があるとします。このような状態では、賞与を増やそう、設備投資をしようなどと考えるのは難しくなりますよね。

そこで、改善に取り組むことにします。

まずは一番上、「売上」を改善しましょう。改善後の数値は売上を2%増加させる目標にしました。2%増やす程度なら、可能ではないでしょうか？　できなくはない範

改善前

		売上からみた比率
売上	800	100%
原価	640	80%
売上総利益	160	20%
販管費	150	19%
営業利益	10	1%
営業外収支	▲9	-1%
利益	1	1%未満

改善後

		売上からみた比率
売上	816	100% 前期比 +2%
原価	628	77% 売上比▲3%
売上総利益	188	23%
販管費	143	18% ▲7（1%相当）
営業利益	45	5%
営業外収支	▲9	-1%
利益	36	4%

単位：百万円

囲ですよね。

これまで関与した会社で「それは難しすぎる！」とおっしゃった会社はありません。大概が「なんだ、その程度なら」とおっしゃいます。

次に、原価を３％削減しましょう。３％であれば可能な範囲ではないでしょうか。これもまた「それは難しすぎる！」とおっしゃった会社はありません。大概が「なんだ、その程度なら」とおっしゃいます。

では、続いて販管費（販売管理費）を５％削りましょう。別に社員をリストラする必要はありません。細かい経費の削減に取り組み、合計で５％減らせないでしょうか。

こうした少しの頑張りを積み重ねるだけで、改善前は１００万円の利益を出すのがやっとだった会社が、改善後は３６００万円の利益を出せるようになりました。利益額は、再生前の36倍になりました。利益率は４％。普通の会社です。

「そんな簡単にいかないよ、現場も知らないくせに。うちは他と違って……」

経営者からのできない言い訳、たくさん聞きました。今も日々、できない言い訳を聞いています。

「うちは特別に○○だから難しいんだよ」とも言われます。ご自分の業界は特別で、ニッチで、というのは経営者の常套句です。

しかし、あらゆる業界のコンサルティングを経験してきた私の目から見て、特別な業界はありません。大きく分けると企業はメーカー、卸、小売り、サービス業のどこかにほとんどが区分できます。

損益計算書も、売上、原価、販売費及び一般管理費など、どんな業界も同じ科目で作成します。

メーカーでも卸でも小売りでもサービス業でもなく、業界団体もなく、損益計算書もない……そんな企業であればニッチで特別な企業だと思いますが、私が見てきた限り例外はゼロです。

確かに、扱っている商材が珍しいものであったりはします。しかし必ず競合がいて、オンリーワンではありません。オンリーワンならすでにもっと利益が出ているはずです。

皆さん、御社は普通の会社なのです。ですから、普通に改善できます。

これまで関与してきた案件には、業界事情や外部環境のためにどうしても経営改善が難しいという会社はありませんでした。

さて、この本にはその「普通になる」ための方法が書かれています。

この本を最後まで読んでいただき、それでもなお「そんな簡単にいかないよ、現場も知らないくせに」とおっしゃるのであれば、そのお叱りは甘んじて受けます。

しかし、これまで20年近く多くの事業再生に取り組んだ経験から申し上げれば、普通の会社になること、普通に利益を獲得することは可能ですし、難しくはありません。

ぜひ、最後まで本書をお読みいただき、改善の余地ありと思っていただけたら、実際に改善に取り組んでいただけたらと思います。

日々、苦労して経営をされている方々の一助になれば幸いです。

目次

第2章

管理資料で業績改善に向かう体制をつくる

第3章

収支計画（損益収支）でやるべき行動をはっきりさせる

第7章

営業スタイルを正して売上を伸ばす

第8章

製造現場に指示して原価を下げる

序章

「儲からない会社」になっていませんか？

儲からない会社チェックシート！

さて、具体的な経営改善の方法を説明する前に、まずはあなたの会社がどの程度儲からない状況にあるかチェックしてみましょう。

左ページの「儲からない会社チェックシート」で、ご自分の会社を診断してみてください。

意味がわからない項目やご自分ではわからない項目にも、すべてチェックマークを入れてください。

いかがでしたか？　いくつチェックが入りましたか？

実はこのシート、チェックは1つも入ってはいけません。ただ、大目に見てチェック5つまでなら、おそらくあなたの会社は利益を確保できているのではないかと思います。

しかし、6つ以上チェックが入る場合は危険信号。本書を読んで、経営改善に取り組むことをお勧めします。

儲からない会社チェックシート

No	項　目	チェック
1	社長が1人でガミガミ指示している	
2	営業や製造部門などの組織が明確にできていない	
3	各部門の責任者が明確ではない	
4	毎月の数字、損益収支、資金収支を見ていない	
5	毎月の資金不足の原因がよくわからない	
6	製品別の原価がわからない	
7	棚卸は年に1回	
8	いつも人が不足している	
9	営業責任者が明確ではない	
10	毎月の売上目標がない	
11	取引先別の売上がわからない	
12	製品別の売上がわからない	
13	トイレが汚い	
14	事務所、作業場が整理、整頓されていない	
15	材料費の管理はしていない	
16	事務所の雰囲気が暗い	
17	品目ごとの原価がわからない	
18	作業効率の数値がない	
19	仕入れ品目別の価格表はない	
20	経費をいくら使っているかわからない	

こう言うと、「トイレが汚いかどうかなんて業績に関係ないじゃないか」などといった反論が出るかもしれません。

関係あるのです。トイレは従業員やお客様に使っていただくものだからです。職場環境、売場環境の改善に大きく影響します。

あるサービス業の企業は、トイレが和式で使いづらく、お世辞にもきれいとは言えませんでした。

社長に「トイレを一部でもいいから洋式にしてウォシュレットをつけましょう」と提案すると「いりますか？　そんなの必要ないでしょう。私はいりませんし」との回答。

しかし、お客様、従業員の立場になってみれば、きれいなトイレがあってほしいと思うのではないでしょうか。

そして今、その企業は倒産してしまいました。従業員やお客様を見ていない、経営者の意識の問題を感じざるを得なかった経験です。

ここではトイレの一例を挙げましたが、チェックシートの項目はすべて、私のコンサルティングしてきた事例に基づいて作成しました。その他のチェック項目についても、チェックが入らなくてすむような経営について本書で解説します。

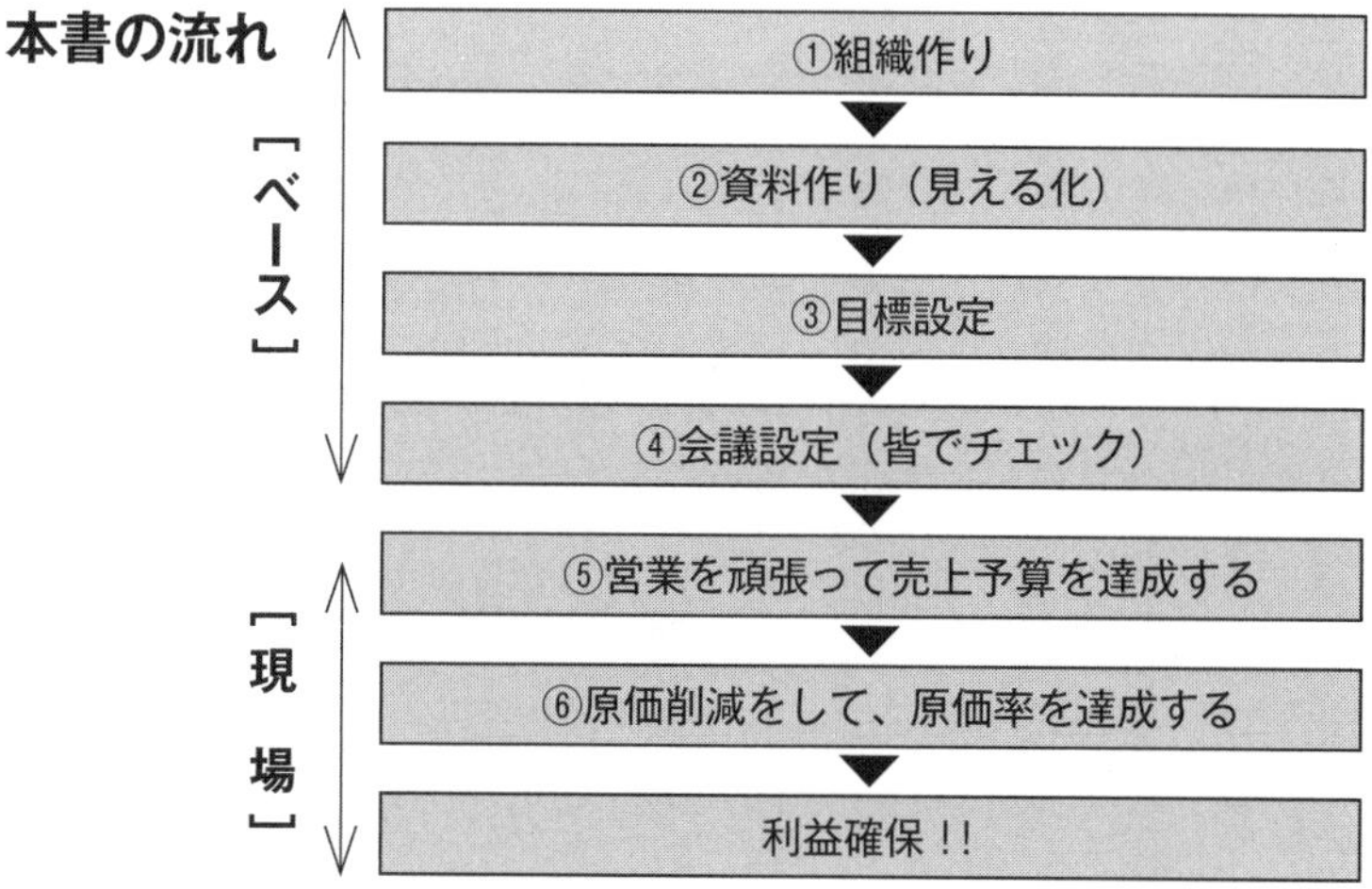

繰り返しますが、取り組めば必ずできます。

本書の流れ

さて、本書全体の流れを簡単に説明しましょう。

経営改善のステップとしては、①組織作り、②管理資料を作って見える化、③予算を作って目標設定、④会議を行う、⑤売上作り、⑥原価・経費を下げる、という流れです。

まず、①組織作りから④会議を行うまでは経営のベースの部分です。この土台ができないと、いくら営業を頑張っても、何をどのように頑張ったのかが見えません。見えないと、何を頑張ればいいのかわからなくなります。

ですから、この「組織を作る」「資料を作る」「会議をする」というステップはとても大事です。

利益を出すためには、売上を上げて、原価、経費を削減すればいいんだろ、早くその方法を説明しろ……という声が聞こえてきそうです。

どうしてもそこから知りたい方は、第7章からご覧ください。

しかし、本当は経営のベースとなる組織運営、人材育成が最も大切なのです。

なお、組織運営ではガバナンスの確保も大切ですが、本書ではその部分は他書にお任せして触れていません。

本書の経営改善テクニックを述べるうえで、象徴的な例を紹介しましょう。

あるメーカーでは、営業も製造も責任者の育成が進んでいませんでした。親族がそれぞれの責任者をしていましたが、どうも社長は、各員の育成をして組織を作ろうなどとは全く考えていないようでした。

営業責任者も一応責任者と言われているので会議に出席していますが、個々の取引先の状況、なぜ予算超過しているのか、なぜ未達なのか、相手先の動きはどうなっているのか、どこにどう攻めていくべきか等は全くつかんでおらず、そもそもつかもうともしていませんでした。

製造責任者も同様に全く数値改善には取り組まず、「納期が大変、納期が大変」と終始言い訳ばかり。

社長にその現状を改善するよう助言すると、「営業はよくやっている。製造も大変なんですよ」と言うのみ。改善に向けた取り組みを行うことはありませんでした。結果、その会社は利益獲得能力を身につけられず、企業として存続できませんでした。

営業責任者と製造責任者を育成して数値達成できるようにしていくのは、社長の大切な仕事です。しかし、この例の企業のように、親族だからと責任者に甘くしてなにも改善しないと結局、利益の出ない体質から脱却はできません。

部門責任者を明確にして組織を作り、毎月の達成状況を見えるようにして、それを会議で皆でチェックする仕組みに改善すれば、計画を達成して利益を上げ続ける力を持った会社にすることができます。

営業責任者で言えば、目標数値達成のためにどの取引先に対しどのように取り組むか、相手の動きはどうだったか、今日どのように交渉したか、次はどう攻めるかなどを日々話し合い、各営業マンを動かして目標数値を達成できます。

製造部門も同じく、製造責任者が材料費の削減、製品ごとの製造時間の削減、製造経費の削減に取り組むことで、原価削減に取り組んで計画予算原価率を達成できます。

営業が売上予算を達成し、製造が原価削減を行えば、必ず利益はついてきます。

ですから組織を作り、人を育成し、見える化をすれば、あとはその組織に売上、原価予算を達成してもらえばいいのです。

以上が、本書の大まかな全体像です。

第1章

組織を作って従業員それぞれの役割をはっきりさせる

組織図を作ろう

業務改善に取り組む際、はじめに行っていただくのが、組織構造を明確にする作業です。「組織図はちゃんとできていますよ」という声が聞こえてきそうですが、実はなかなか明確になっていないケースが多いのです。

誰が責任者で、どのメンバーを部下にもっているか、どこまで責任をもっているのか、はっきりしていません。

ですから、そういった事柄を明確にしましょう。すでに組織ができている会社の場合は、もう一度確認しましょう。

組織構造を明確化するときに着手してほしいのが「組織図を作る」ことです。

既に最新の組織図がある場合は結構ですが、今まで関与した会社でここ1年以内の組織図がある会社はありませんでした。

「うちは小さな組織だから組織図を作るほどでもない」という話も聞きます。

しかし、それって本当でしょうか。

ドラッカーも「組織構造こそ、成果を上げる前提である」と述べています。組織を明確にするのはとても大切なことなのです。組織図をしっかりと作ることができたら、収益は現在の数倍になる場合もあるのです。

組織図を作るというのは、従業員それぞれのポジションと役割を明確にするということです。

組織図を作って名前を入れてもらうと、部門責任者が目を丸くして「私ってこんなところまで見なきゃいけないんですか、こんなことまでやるんですか」とおっしゃるケースもよくあります。

自分が担当している部署、責任範囲というものをその時改めて、または初めて確認する方が多くいらっしゃいます。

また社長も組織図を見ながら「ここはどうするかな」とか「誰に行ってもらうかな」など、頭をひねっていらっしゃることもよくあります。

つまり皆さん、組織図を頭にイメージとしてはお持ちなんですが、それを図にしていないので、社長と各部門長の考え方がバラバラであるパターンが多く発生しているのです。

組織図例

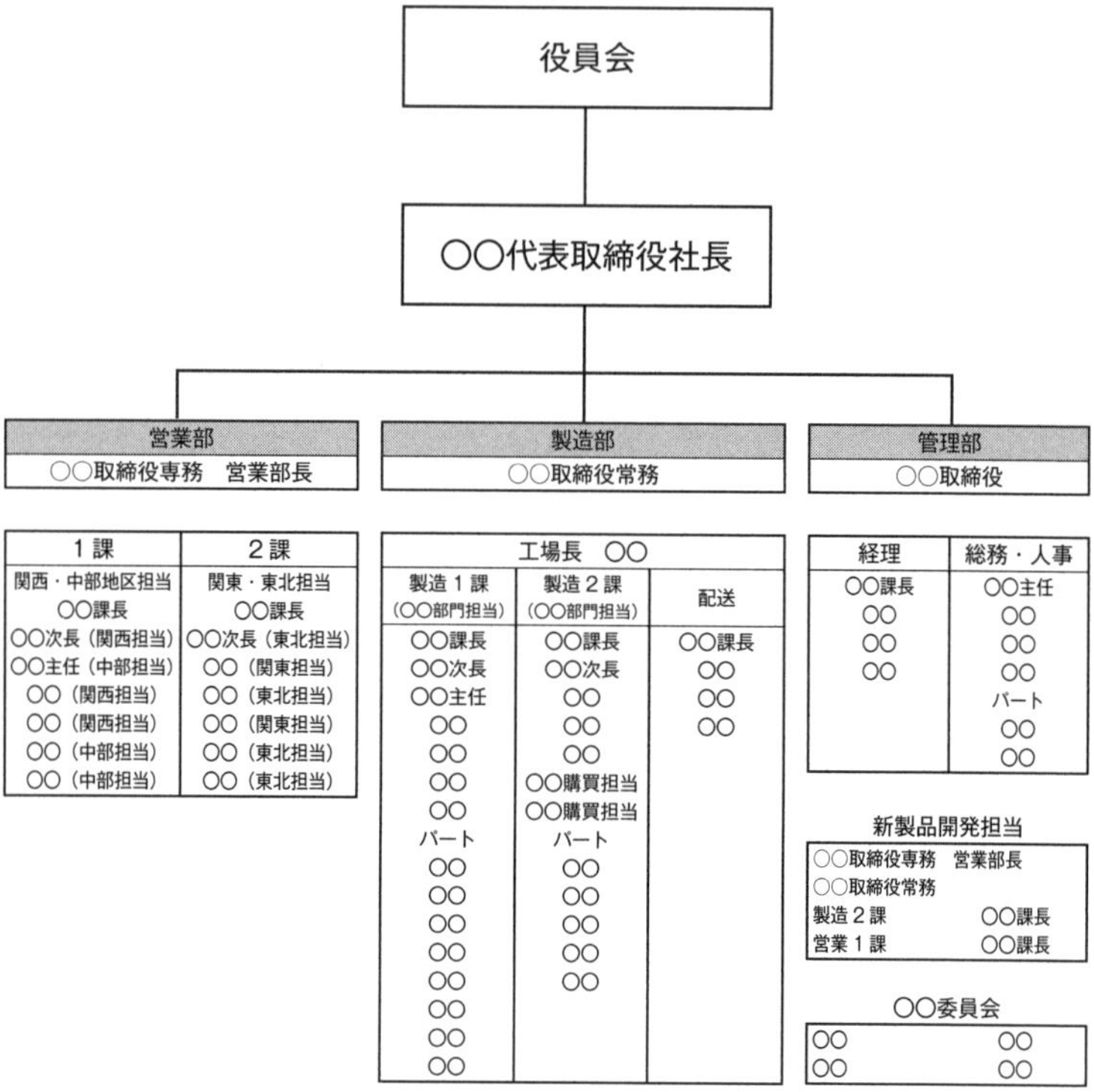

役員会
○○代表取締役社長
営業部
○○取締役専務　営業部長
製造部
○○取締役常務
管理部
○○取締役
1 課
関西・中部地区担当
○○課長
○○次長（関西担当）
○○主任（中部担当）
○○（関西担当）
○○（関西担当）
○○（中部担当）
○○（中部担当）
2 課
関東・東北担当
○○課長
○○次長（東北担当）
○○（関東担当）
○○（東北担当）
○○（関東担当）
○○（東北担当）
○○（東北担当）
工場長　○○
製造 1 課
（○○部門担当）
○○課長
○○次長
○○主任
○○
○○
○○
○○
パート
○○
○○
○○
○○
○○
○○
○○
○○
製造 2 課
（○○部門担当）
○○課長
○○次長
○○
○○
○○
○○購買担当
○○購買担当
パート
○○
○○
○○
○○
○○
配送
○○課長
○○
○○
○○
経理
○○課長
○○
○○
○○
総務・人事
○○主任
○○
○○
○○
パート
○○
○○
新製品開発担当
○○取締役専務　営業部長
○○取締役常務
製造 2 課　○○課長
営業 1 課　○○課長
○○委員会
○○　○○
○○　○○

組織図を作ると、それぞれの部門の責任者とその役割が明確になります。責任の所在などを確認する作業も併せて行うことができます。

これがとても大事なのです。

組織図を見て、どのような新しい組織を構築しようかなどと考える必要は全くありません。まだ泳げないのに、いきなり細かい水泳技術を実践しようとしても無駄です。組織図はよく作られる普通のピラミッド型で十分ですので、その組織図をリニューアルしてみてください。


ここに記載した組織図はメーカーをイメージしたものですが、卸、小売り、サービス業でそれぞれ少しずつ違いが出るでしょう。

多店舗展開している小売りであれば、店舗が記載されるでしょうし、サービス業であれば製造部門はありません。それぞれの業態に合う組織図を作成してください。

各社、金融機関に提出した組織図程度はあると思いますが、責任者名を明確に記載しなおすことが大切です。

必要に応じて責任範囲を文章で記載してください。

初めから完璧を目指す必要はなく、とにかく責任者及びその部下を明確にする観点で作成しましょう。

ポイント

組織図を作成し、責任者を明示しよう！

部門を作ろう

一般的な組織の部門としては、役員会、営業部門、製造部門、管理部門といったところでしょうか。経営改善においては、すでにある部門がそれぞれどのような仕事を担っているのかを再度確認し、今後の経営のやり方を再考する必要があるのです。

ここでは、製造業を例にとって考えてみましょう。もちろん卸売業、小売業、サービス業でそれぞれの部門の形態や役割は異なります。まずは基本的な考え方をご理解いただいたうえで、ご自分の会社に当てはめて考えてください。

①営業部門

営業部門は製品を売り、売上を上げる部門です。

中小企業の場合、営業部門は1チームというケースが多いですが、中には複数部門に分かれている企業もあります。その場合はそれぞれの担当範囲を明確にしましょう。それぞれの担当エリア、担当先、担当製品等を明らかにしていきます。中小企業では、営業の担当エリアが曖昧になっているケースが少なくないからです。

担当者別、課別などで、担当エリアを作成していきます。

これまで私が見てきた企業では、最近は取引がない先が多いからといって責任者が勝手に担当エリアを変えてしまっているケースもありました。また担当者が、広い範囲を担当しても回りきれないと、勝手に担当エリアを縮小しているケースもありました。

担当エリアを明確にするということは、今後の営業をどのように行っていくか、どの範囲の取引先を開拓するか等、売上に関わる非常に大切な部分を左右することになります。部門長とよく協議、検討して担当エリアの分担を決めてください。

次に、担当取引先を確定します。

他部門と取引先が重複している場合は、調整してどちらがどのように対応するかを取り決める必要があります。

この部分を曖昧にしておくと、後日問題が発生したり営業効率が非常に悪くなったりしますので、あらかじめ担当会社についても明確に分けていかなければなりません。

多くの企業では、「○○会社」が位置するエリアは2課が担当しているけれど、担当者は特例として1課の鈴木さんが担当している、といった現象が発生しています。

このようなケースは、現在の担当者が相手先と懇意でも、一時的な状態でしかない場合が多く、将来的な引継ぎなど営業効率を考えると担当は明確に分けたほうがメリットが大きくなります。

②製造部門

製造部門は製品生産をする部門です。良い物を安く、納期までに安全に生産するのが使命です。

製品はいろいろな工程を経て製造されています。そして製造部門は原価を担当している大切な部門です。

原価の削減という大きな使命を持っているので、それぞれの担当の責任者も大きな責任があることを明確にしましょう。

「納期までに」は製造部門内で概ね理解されているのですが、「安く」の部分は理解されていないケースが多いです。「原価が高いのは営業が安く売るからで、製造の責任ではない」とおっしゃる製造責任者がいます。

ところが、その製造責任者に1製品当たりの製造原価を聞いても何も知らないケースが大半です。

原価削減はあくまでも製造部門の責任です。今の原価がいくらなのかを知り、それをどうやって下げていくのか考えるのが製造の大きな仕事になります。

原価削減は単純な作業ではありません。棚卸も必要になります。棚卸は材料の格納方法も検討しなければなりませんし、材料、半製品、製品ごとに検討しなければなりません。製造責任者の中には、これらの膨大な作業から逃げてしまう方もいます。社長も一緒に逃げてしまう場合もあります。

しかし、逃げると原価は増加していきます。一方で必死に取り組むと必ず削減されます。確かに多くの作業を伴うので逃げたくなるのも理解できますが、やったらやっただけの効果はあると理解して取り組みを始めてみてください。

その他、製造ではなく、卸、小売りであればコストを管轄するのは仕入部門であることがありますが、いずれにしても原価を担当する部門を明確にするのは大切です。

③管理部門

管理部門は販売費、一般管理費に係るものを担当する部門です。

人事、総務、経理がこれに当たります。中小企業の場合、経理部門が総務、人事を兼務しているケースが大半です。この管理部門の責任範囲を明確にしてください。

「人事は見ているけど責任は負いません」「経理は見ているけど管理資料は社長が作ります」など、作業についても責任分担が不明確な企業が多いです。

責任の範囲が明確でないと、それぞれの責任者が何をすればいいのか作業内容が曖昧になってしまい、成果が上がりにくくなります。責任範囲となすべき成果を明確にしてあげると、各責任者はとても動きやすくなるのです。

たったこれだけで、業績は見違えるほどよくなっていきます。

④その他の部門

組織図例には新製品開発担当と○○委員会を記載しましたが、新製品開発はどこの会社でも必要な作業です。しかし、誰が担っているのか不明確な場合が多いので、組織図に明記するといいでしょう。

また、委員会などもあれば、そのメンバーを記載しましょう。

中には、あれもこれも兼務している方がいて、組織図を作成して初めて、業務を持ちすぎだと判明する場合もあります。

ポイント

部門の責任範囲を明確にすれば業績は向上する！

責任者を置こう

組織図に部門を入れたら、そこに人の名前を入れていきます。

人数にもよりますが、できるだけ全社員の名前を入れ、特に責任者やリーダーの名前は必ず入れましょう。

この時点で部門責任者を明確にするのが大切です。

関与した企業で、この部門責任者がすべて明確になっているケースはほとんどありませんでした。部門責任者がしっかりと決まっている会社は意外と少ないのです。部門責任者の名前が入っていても、本人が理解していないケースもざらにあります。

部門責任者は、取締役の場合もあれば部長の場合もあり、店長の場合もあります。

営業であれば、営業部門の数値、つまり売上に責任を持っている人が営業部門責任者です。

たとえば、第一営業部の責任者が第一営業部長、第二営業部の責任者が第二営業部長、営業部全体の責任者が営業取締役……となる場合もあるでしょう。

A店の責任者がA店長、B店舗の責任者がB店長、C直販部の責任者がC次長で売上全体の責任者がX本部長……となることもあるでしょう。

肩書の問題ではなく、その部門の責任者を明確にしましょう。

先ほどの例でいうと、第一営業部、第二営業部の部長はいるのに全営業の責任者がいない、A店からC直販部までの責任者はいるのに全体の責任者はいない、といった状態では、誰が数値達成に動いてくれるのでしょうか。

ある小売会社は、5店舗各店が赤字、または利益が出ていない状況でなんとか利益を出したいという悩みを抱えていました。

各店舗の責任者はいないとのことだったので、まず私は社長に店舗責任者を置いてほしいとお願いしましたが、社長は「そんな、各店舗にはパートの女性と70代のおじいちゃんしかいないので無理です」とおっしゃいます。そこで私は「パートでも結構ですので、利益を出すためには責任者を置いてほしい」とお願いしました。

そうして、責任者を置いて初めての会議。

会場に入ってみると、そこにはパートを含む5名の女性の方がおり、「私たち、来いと言われたから来ましたけど、難しいことはできませんから」とぶつぶつ言いながら席についていらっしゃいました。

しかし、結果は、そのパートの方々が立派に店舗を黒字にして、小売部門全体も黒字転換できたのです。最初は文句ばかりだった方々も、次第にしっかりと店舗責任者としての役割を担ってくれるようになりました。

この事例からわかるように、責任者は社員であろうがパートであろうが男性であろうが女性であろうが、あまり関係ありません。育成していけば立派に責任者になってくれます。

初めから先入観で「この人には無理だろう」と決めつけるのは、とてももったいないと思います。


またよくあるのが、責任者を社長が兼務している会社です。確かに全体人員が少なく、社長が常に走り回っている会社で、責任者と言われても……という声が出るのは仕方ないでしょう。

しかし社長が走り回って、どんな成果があがったのでしょうか。責任者不在で成果を判別できるのでしょうか。

朝から晩まで社長は駆けずり回っているけど、ほかの人は全く機能していない、という会社がありました。そこの社長は、スーパーマンにでもなりたいのか？　と思うような働きぶりでした。「私は120歳まで頑張る、できる」とおっしゃっていましたが、社員は冷めた目で見ており、ただただ社長の指示通り動くのみの会社でした。

確かに、責任者を置いたからといってすぐに黒字になるわけではありません。ほかにもやらなければならないことは多くあります。

しかし、まず利益の増加を目指して組織を固めていくのであれば、責任者を作るところから始めましょう。従来の責任者がいるところは、その責任者の名前をしっかりと記載しましょう。責任者を補佐するのは誰か、誰を育成するのか。何人に対して責任を持っているのかを明らかにするのです。

すると、それぞれのメンバーは自分の役割を明確に理解して、仕事を我がごととして考え、いちいち指示をしなくても動けるようになっていきます。

ポイント

責任範囲を明確にすれば社員が自主的に動くようになる！

責任者に求められる適性とは？

さて、前項で、責任者になるのは誰でも構わないと述べましたが、責任者、リーダーとして育ってもらうために必要な資質というものは当然、存在します。

ただし、この能力、はじめから完璧に備わっている人はまずいません。特に中小企業の場合、育成せずに始めから優秀なリーダーがいる場合は稀だと思います。

したがって、はじめから適性が全て備わっている必要はありません。少なくともこれらの資質の種だけでも持っている社員がいれば、その人を育成していけばいいのです。逆に、できない方を育成しようとすると、本人の負担が多大なものになり、会社と本人が大変苦労するので注意しましょう。

ですから少なくとも資質を持っており、育成しうる方を責任者に選任するようにしましょう。

具体的に責任者に求められる資質とは、

イ／やる気がある
ロ／素直である
ハ／コミュニケーション能力がある
ニ／数字が理解できる

という4つです。順番に説明しましょう。

イ／やる気がある

幼稚に思われるかもしれませんが、本人のやる気はとても大切な要素です。初めからやる気にあふれている、または十分やる気が見られる方であればいいのですが、一見、そんな感じはなくても、将来育成できる可能性があれば結構です。

先ほどのエピソードで紹介した女性店長の場合でも、はじめはあまり見られなかったやる気が徐々に育成されていきました。

中小企業の場合、幹部ですら必ずしも初めからやる気があるわけではありません。

大手企業であれば、幹部になろうとする人材はやる気があって当たり前ですが、中小企業の場合はそうではないケースが多くあります。ただ、やる気を育てることはできます。隠れているやる気を表に引っ張り出せるのです。今は見えなくても、育成することでやる気を引き出せるか否かも含めて見てあげてください。

口／素直である

素直さが人の成長において大切な資質であることは、皆さんも十分にご理解いただけるでしょう。何事も上達するには、注意や指摘を素直に受け止める能力が求められます。

あまりひねくれた社員は、問題児になりかねません。少なくとも部門の責任者が素直でないと、部下にいい影響は与えません。

逆に責任者が素直だと、その部門の改善速度は加速度的に上がっていきます。

さて、素直という資質も、育成可能です。最初は少し素直ではないところがあっても、社長がじっくりと観察し、本人と根気強く話をしましょう。

本人が素直になれない原因を探ってみると、意外と小さなこだわりだったり、社内のコミュニケーションの問題だったりするケースがあります。

全く素直なところがない方はなかなかいませんが、最初は頑固な部分が散見されがちなので、地道に教育するのが大事です。

ハ／コミュニケーション能力がある

責任者には取引先、社内、部下とのコミュニケーションが必要になります。

このコミュニケーション能力がはじめから十分に認められる方は別として、あまり認められない方もいらっしゃいます。しかし、このコミュニケーション能力も育成することで育っていきます。

取引先とのコミュニケーションは、責任者候補であれば普段の業務の中で比較的できていると思いますが、社内、特に部下とのコミュニケーションは教育、学習が必要です。

パワハラ、セクハラは、もってのほかです。社内の人材を失って大きな損失につながります。

部下、上司とのコミュニケーションの方法については、育成すれば習得できる、育成しなければできない、と理解して教育に取り組んでください。

二／数字が理解できる

部門管理に数字はつきものです。

予算は数字でできています。前期からの変動要因は何で、改善するためにどんな策が必要か……といった思考を求められます。

数字がわからないと、責任者としては難しいでしょう。

しかし、数字も慣れればわかります。何も難しい数学的分析は必要なく、仕事で使う計算は小学校レベルの四則演算ぐらいです。最初はわからなくても、慣れることで使えるようになります。

数字が理解できるとは「今月の予算3000万円に対して実績が3200万円。2百万円の超過だった」といった、予算と現状の差額がわかることです。

そして重要なのが、差額の内訳と差額が生まれた理由を検討できること。「超過額2百万円のうち、取引先Aは予算5百万円に対して6百万円売れて1百万円の超過だった。その理由は○○だったから」といった理由の解明に取り組むのです。これが、目標予算を達成するための具体的な戦術を考える力につながります。

こうした力は社長であれば当たり前に持っていますが、一般社員にはなかなか考え方の理解が難しい場合があります。通常は、社長が一緒に考えて、わかるように育成することで力が身についていきます。

ただ、中には数字が全くわからない方もいます。予算、実績、差額の数字が意味するものを全く考えられない方です。一緒に考えてわかるように育成してもできない方です。そのような方には、部門責任者は難しいでしょう。

ご覧のように、責任者の資質にそれほど特殊な能力は必要ではありません。

これらの能力があれば部門責任者として十分能力を発揮できると思いますし、最初は足りない部分があっても、育成していくことは十分可能です。

社長には特に、責任者は育成すれば作れることをご理解いただき、その育成に注力いただきたいのです。

責任者は育成していくものです。育成できます。

ポイント

責任者は社長が育成しよう！

第2章

管理資料で業績改善に向かう体制をつくる

管理資料がないと経営は管理できない！

管理資料の作成も、大変重要な作業です。

しかし多くの企業では、管理資料の作成に重きを置いていません。

私が関与した会社の中で、完璧に管理資料を作っている企業はありませんでした。現状がどうなっているか全くわからないまま、ただお客さんから言われた受注をこなしているだけ、という会社がとても多いのです。

しかし、そんな状況では「どこに何をどうやって売るか」「何をどうやって作るか」「どこからどうやって買うか」などは全てこれまでの慣例に従って考えているだけ、という状態になってしまいます。

したがって、慣例に従っていて売上が下がってしまっても、その理由がわかりません。原価が高くなっているのはなぜか、経費が多くかかっているのはなぜかもわからないのです。

一般的に、社長が自社について説明する時に「景気が悪い」「世の中が悪い」「政治が悪い」「銀行が悪い」と対外的な部分に原因を押し付ける言い方がよく見られます。長い間ただ漫然と日々の仕事をこなしていただけなので、外的要因のせいにする考え方しかできないのです。

ところが残念ながら、私が関与した会社で、業績が悪い要因が景気や世の中、政治、銀行である企業は一つもありませんでした。

外部の責任にしているヒマがあるなら、内部管理資料を作って分析し、作戦を立て、実行した方が利益は出ます。まずは状況の把握です。そして状況はなるべく数値で捉えるようにしましょう。

なお、私のコンサルティングで通常作成している資料は予算実績表になります。また、営業であれば売上の予算管理表を作ります。

ポイント

経営成績に外的要因は関係ないと考えよう！

管理資料はこうやって作ろう

管理資料の作り方には工夫が必要です。まず管理資料を作る人を決めて、次に書式と資料の内容を決めましょう。

まず、資料を誰が作るかを決めましょう。管理資料は経営においてとても有効なツールになりますが、誰が作ってもいいというものではありません。

社長が作っている会社もありました。後述しますが、とてもお勧めできる方法ではありません。

内部管理資料は、経営のための会議を進めていくうえでとても大事な資料です。各責任者も管理資料に基づいて状況を確認・判断します。

この大事な管理資料についても、誰がいつまでにどうやって作るか等を明確にしてあげて取り決めをする必要があります。

営業部門の話であれば営業部門が資料を作ればよいのかもしれませんが、作った材料の取りまとめは営業部門がやるのではなく、資料の取りまとめ責任者を置いた方がスムーズに進みます。

「○○の会議に必要な資料なので、△△日までに資料を提出してください」「ベースになる損益状況や営業の販売状況、売上状況については総務からいつまでに出すので、それについて所定の書式に状況を記載して□□日の会議で提示してください」など、誰かが管理してあげるとうまくいきます。

それからもう一つ、前述した、管理資料の作成は社長が行わない方がよいという点について説明しましょう。

よく、新たな管理資料作成となると社長が作らざるを得ない、他の人は忙しくてできない、と主張する会社があります。

「他の人は忙しくてできない」というのは大半が思い込みですが、社長が資料を作るというのは社長が何も見えなくなるということを意味します。

資料作成をすると、俯瞰で事業を見られなくなってしまうのです。目の前の数字が合う・合わない、印刷がうまくできているかといった細部に目がいってしまい、「全体的に数字が足りない」とか「製造経費が多くかかっている」という、社長として把握すべき部分がわからなくなってしまうのです。

同様に部門責任者も、管理資料を作成するのは極力避けていただきたいです。

資料作成は極力部下にやってもらい、成果物だけを見るようにしましょう。

一番責任の重い総責任者である社長が会社全体の状況を把握するのは、どうしても必要な作業です。しかし、意外にその部分が勘違いされていたりします。

社長はどうせ暇なんだから資料作成ぐらいやればいい……という考えは大間違いです。

確かにそれぞれの部門長がしっかりしていて、社長がとやかく言わなくても回る企業はあります。しかし、社長が会社の状況を何も理解せずに部下に任せてうまくいっている企業はありません。

ましてや中小企業の場合、社長が多くの事象に目配りをしていないと、会社はすぐにおかしな方向に向かってしまいます。ですから社長は、営業の動きや製造の状況、社内全般の動きに目を光らせている必要があるのです。とても資料を作っている時間などありません。

また資料作成はルーティンワークにしてしまうと意外にできるものです。

はじめは慣れていないので厄介だと思うものですが、じきに慣れて全く違和感なくできるようになります。社長の大切な時間を使わなくても、部下の方で十分にできるのです。

さて、それであっても、資料作成に時間を取られて本来の作業ができないとぼやく方が時々いらっしゃいます。

これには次の3つの問題があります。

イ／資料作成のやり方が悪い
ロ／資料の意味が理解されていない
ハ／全体の仕事の配分がうまくいっていない

一つずつ説明しましょう。

まずイの「資料作成のやり方が悪い」ですが、資料作成に何日もかけるのは全く意味がありません。会議のための資料を作るのはやめましょう。資料は会議のために作るのではなく、部門の状況を把握するためにあるのです。

たとえば取引先別の状況シートであれば、はじめにシートができていて、予算が入っていれば、実績欄に記入するだけです。実績は営業事務で記載できます。

月次損益の試算表が出たら、それに合わせて毎月の数値を入れたらいいのです。

取引先の状況、製造の状況は日々確認するでしょう。責任者の方はその状況を確認する資料を作成し、内容は日報などを使って下から上げてもらい、整理できるようにしてください。

ロの「資料の意味が理解されていない」は、会議に出すために、その資料の意味をわからずに作成しているケースです。

資料は会議のために作っているのではなく、部門のために作っています。たとえば取引先別の売上状況表等は、営業部門のどこが良くてどこが悪いかを確認し、それぞれの要因及び対策を検討するための資料です。表そのものを会議に出すだけでは意味がありません。

日々の動きを把握していれば、会議までに要因分析と対策を終わらせて、結果を会議に出せばいいのです。

ハの「全体の仕事の配分がうまくいっていない」は、責任者、担当者、事務それぞれの仕事の配分が適切でないケースです。

責任者、担当者、事務のそれぞれのやるべきことをもう一度棚卸して、担当を見直してください。資料を作る人、それを読み解き分析・判断する人の役割分担をはっきりさせるのです。

一番報酬の高い方は、一番稼ぐ仕事、つまり判断する仕事をしましょう。

ポイント

資料作成に時間を取られてしまうのには理由がある！

作るべき資料と書式は？

資料として最低必要なものは、イ／収支計画（損益計算書）、ロ／貸借対照表、ハ／資金繰り表、ニ／部門の管理資料の4点です。

イ／損益計算書で売上、原価、経費、利益がわかります。月次損益を確認することで「今期3ヶ月経過時点で、計画利益に対し3百万円超過している」などが見えてきます。そうすれば、得た利益をどう使うかも検討できるようになります。

ロ／貸借対照表で前期決算との差額や前月との差額を出すことで、財務状況が確認できます。「売掛債権がだいぶ増えている」「棚卸資産が異様に増えている」などのチェックができます。

ハ／損益計算書の状況、貸借対照表の状況が見えると、資金繰りの状況、及び見通しがわかってきます。「今は季節要因で棚卸資産が増加し資金的にはタイトだが、今後販売による資金回収に向かうので、預金増加となり、利益の状況から賞与を増やしても大丈夫」といった議論ができるようになります。

ニ／部門管理資料は、各部門が日々状況の確認に利用している資料の集大成です。営業部門であれば、取引先の状況資料だったり、製品別の販売状況だったりします。製造部門であれば、材料費の状況だったり、その他の作業時間、機械作動時間の管理資料だったりします。

部門管理資料については、各部門の現在の管理状況を踏まえて進化させていくようにしましょう。初めから完成形を目指すのではなく、各責任者が必要な管理資料を作成、進化させていくものだとご理解ください。

したがって、書式はだんだんと変化していきます。ただ、毎回全く違う書式になってしまうようでは作成の手間も大変ですので、ゆっくりと必要に応じて進化させましょう。

たとえば、営業部門で売上が5百万円、計画から未達だった場合を考えてみましょう。その未達要因として取引先ごとに見た時に「A、B各社は合わせて1000万円超過したけれど、C、D各社で合わせて1500万円未達だった」といった内訳がわかるようになりたいのです。

日々、その状況を把握できて、初めて対策が打てるのです。

そのためには取引先ごとの予算数字及び実績状況が必要になります。

ただ、営業部門に200社の取引先がある場合、そのすべてを把握できなくても構いません。後述するＡＢＣ分析でいうところの上位20％、つまり40社の動きが見えればＯＫです。４人で担当していたら1人10社です。この程度であれば把握は可能でしょう。

部門の管理資料は損益計算書のように、特に決まった書式があるわけではなく、部門の管理に必要な資料、日々の管理資料の延長線上にあります。

会議のための資料ではなく、日々活用している資料、または活用できる資料を作成しましょう。

営業関係資料については後の第7章でも説明します。

ポイント

資料のブラッシュアップはゆっくり着実に！

試算表は経営管理のマストアイテム

私は、各社のコンサルティングに入ると、試算表をどうやって早く作るかを指導することがあります。月次損益の状況を確認するにしても、財務状況を確認するにしても、月次試算表が整っていないと始まらないからです。

しかし、この試算表がなかなかできない会社が多いのです。

「今月は9月ですが、試算表はいつまでのものがありますか?」という質問に対して「6月のものがやっと来週できてくると思います」といった返答は日常茶飯事です。

会社として試算表は全く見ておらず、活用もしていないのです。すべて顧問税理士に任せているというケースも多くあります。

しかし、9月の会議で6月の数字を検討しても意味がありません。

3ヶ月も前の未達に対して「このときの売上未達の要因はなんだろう?」と議論するのも間が抜けていますし、担当者も「えーっと、随分前のことなので……なんだったかな?」ということになりかねません。それでは会議になりませんよね。

会議で使う数字は、できるだけ生きのいい数字を使う必要があります。私がコンサルティングに入った場合、通常は前月の数字を使うようにします。

試算表の数字が数ヶ月前のものになってしまうのは、主に次のような理由があります。

イ／すべて税理士に任せきりにしているせいで作成が遅れている。

ロ／取引先からの請求書の到着が遅く、処理に時間を要して遅れてしまう。たとえば入力は自社で行っているが、仕入れ先からの請求書が届くのが15日過ぎで、それから入力、税理士チェックが入るので集計できるのは月末に……となってしまう。

ハ／営業部門からの前月締めの売上数字が出てきておらず、販売先への請求書の発行ができない。

以上の3点は、多くの企業で発生しています。

イの原因の場合、税理士の方と相談して、どうやったら前月の数字が翌月早々にもらえるのかを打ち合わせましょう。

税理士の方も「今まで御社からの要請がなかったのでそれ程深刻には考えていなかったが、必要であれば御社に○○を行っていただくことで、10日までには出すようにします」といった話になることもよくあります。

会社が真剣に利用する資料であれば、顧問税理士にも真剣に取り組んでもらえます。


ロの請求書の到着が遅い場合は、仕入れ先、委託先にお願いしましょう。内部で発注内容がリアルタイムに把握できていれば発注ベースで買掛計上する方法もありますが、試算表作成に無頓着な会社ではなかなかそこまでは難しいと思います。よってまずは仕入れ先、委託先に、前月請求書は当月5日までに頂けるようにお願いしましょう。この日時を早めるためには、できれば社長、あるいはしかるべき方が先方に赴いて、丁寧にお願いしてください。

相手にお手間をおかけする話なので「当社の収益管理上、どうしても必要な作業なので」とお願いして理解していただくようにしましょう。

ハの営業部門から売上が出てこないとは考えにくい事態ですが、現実に多く発生しています。もし、請求書の発行が締め日を超えると、営業部門が大幅に計画未達となります。営業部門責任者と協議して、どうすれば請求書をすぐ出せるようになるか検討しましょう。

通常は単に担当者がルーズなだけである場合が多いので、担当者になぜ締め日までに提出しないといけないのかを説明して、理解を得ましょう。多くのケースでは、それだけで問題は解決します。

このように前月分の数字できちんと試算表が出るように手を打つと、意外にできるようになります。今までできなかった会社はごく少数ですし、そのようなことができない会社が再生するケースはありませんでした。

また、試算表は決算ではありませんので、精度100％を求める必要もありません。人件費は前月25日締めの翌25日払いで、決算だと未払い給与を計上したりしますが、そのような決算処理は試算表では不要です。

試算表は、計画数値を達成するように検討するための資料、会社の状況を把握するための資料です。もちろん精度は高い方がいいのですが、そのために多くの時間と労力を費やすのは避けましょう。

なお、資料の開示レベルについては検討が必要です。

損益計算書は会社の売上、原価、経費のすべてが記載されています。役員の報酬、従業員の給与などもわかります。貸借対照表は借入の状況もわかります。すべての社員にすべての情報を開示する必要はありません。役員会ではすべての資料を開示して、投資をどうするか、賞与をどうするかといった重要な事柄を決定しますが、部門責任者に部門以外の状況、たとえば借入の金額や役員報酬まで開示する必要はないのです。

必要な情報を必要な人だけに開示するようにしましょう。

一般的には営業部門には売上の内容、製造部門には原価の内容の資料までとし、それ以外の資料は役員のみとしているケースが多いです。

ポイント

管理資料ははじめから完成形を目指すのではなく、進化させていこう！

資料作成の担当者決めと事務担当の使い方のコツ

続いて、管理資料は具体的に誰が作ればいいのかの考え方を説明しましょう。

資料は、各部門の、営業であれば営業担当者、製造であれば製造担当者が作るのはあまりお勧めしません。営業担当は売るのが仕事ですし、製造担当は作るのが仕事です。できれば営業、製造それぞれの事務担当に作成させるのがいいでしょう。

事務といえば、各社、事務の使い方がとても下手です。

先ほど説明した資料作成は集計が発生するので、うまくやらないと時間がかかる作業です。しかし事務をうまく使えば簡単にできるものです。

事務が3時間で集計できる作業を、営業マンが残業して6時間で作成している、というのはよく見られる光景です。時給換算では営業マンの方が営業事務の3倍の人件費がかかるとすれば、この場合は全体で6倍のコストを費していることになります。しかも資料の内容はたいていい、事務担当が作るほうが優れています。

したがって、事務を使いこなすのも経営者として重要なスキルになってきます。
ただ、事務担当者は結構厳格な人間が多い点には注意しましょう。しっかりと自分の責任範囲を守っているので、新しく作業が発生すると非常に憤慨されるケースもあります。

そのために結局、営業担当者もしくは営業責任者が資料作成をする、場合によっては現場ではできずに他部門に投げる、といったケースも発生します。

資料は、自分の部門の状況を把握して作戦を立案するためのものです。そう考えると部門で作成すべきであり、しかも効率的に作るべき資料です。業務として部門の事務を巻き込んでください。

また部内資料は、対外的な資料ではないので速報値で構いません。精度は8割ほどでいいのです。仮に2割が漏れていたところで、重大なロスは発生しません。

達成と思っていたところが未達、または未達と思っていたところが達成であったとしても、後で修正をかければ十分です。資料の精度に目くじらを立てる必要はありませんし、数値に対する検討を重ねられるようになると、自然と精度が向上します。

ただ、資料を見てもその数字の意味を考えない責任者はよくないです。コンサルティング先で会議に参加していると、こういう会話がよくあります。私から「このC、D各社が未達なのはなぜですか?」と問いかけると、「う〜ん」とその場で首をひねる責任者がいるのです。で、なんとか言い訳して取り繕おうとする。これでは会議の意味が全くありません。

繰り返しますが、取引先ごとの未達要因分析と、未達に対する対応策の立案は、とても大切な仕事です。「C、D各社の売上が足りなかった」という事象には、とても多くの要因が考えられるからです。

たとえば、「競合先が入ってきて当社のシェアを食っている」「他社の新製品が売上を伸ばしている」「担当者がうまく交渉できていない」「取引先のバイヤー担当者が変わった」など、深刻な事態が現場で生じているケースがあります。

しかし、未達要因を分析せず、理解もしないで、会議の場で指摘されて「う〜ん」と考える方がたくさんいるのです。その場で「う〜ん」となるのは、部門責任者として普段なにも考えていない事実を示しています。つまり仕事をしていないのです。

では、どうすべきでしょう。

答えは簡単で、社長が事前に手を打っておくのです。

社長が一緒になって事前に打ち合わせを行い、要因分析、対応策を検討するのです。毎週1回、営業会議を行い、速報値で検討するのです。営業責任者育成のためにも、ここは社長に頑張ってほしいところです。

しかし、答えは簡単でも実行はなかなか難しいのが多くの会社における実情です。事前に手を打つと言っても、どうすればいいのか……一言でいえば、決定的なマイナスのファクターが生じる前に、

- **状況を把握する**
- **要因を分析する**
- **対応策を検討する**
- **対応策を実行する**

というサイクルを回すことを指します。つまり定期的に状況を把握し、その変化を捉えるのです。そのために、管理資料を使って打ち合わせを行いましょう。

状況把握の本質は、観察です。売れ行きはどうか、競合の状況はどうか、マーケットのニーズはどうか（新製品のヒント、ニーズ）、相手の担当者のご機嫌はどうか（人事、家庭、上司との関係等）等をよく見て認識するのです。

そして、観察した結果を会議で共有し、対策を練ります。観察結果を可視化するには、日報を利用するといいでしょう。

ここで述べたような項目の現状を、主要取引先に限って確認するだけでも、とてもたくさんの情報が入ってきます。その情報を整理しながら現場を分析するのです。売上が未達なのはなぜか。答えは必ず現場にあります。

担当者が観察してもよくわからない時は、責任者が同行してその要因を確認します。責任者にもわからなければ社長が確認します。誰もわからなければ継続して観察をします。要因は必ず分析できます。

予算の数字に対して未達の場合だけでなく、予算通りである場合も超過達成している場合も、それぞれ必ず理由があります。計画通りの数字であったとしても、そこには計画通りとなった理由が潜んでいるのです。「計画通りだから良し」と片付けてはいけません。

超過達成している場合も同じで、自社の何かが良くてよく売れた、競合先の何かが悪くて自社がよく売れた、バイヤーが自社のことが好きでよく売れたなど、うまくいっている理由が必ずあります。それらを分析せずに、ただうまくいっているからといって見過ごしてしまうと、実は達成要因にこそ将来悪くなる原因が潜んでいたりするものです。

たまたま特需で製品が売れている場合などは、その特需が終わると一気に販売が落ち込んだりします。それが想定範囲内であれば別に問題はありませんが、想定されていない場合は、現場が慌てるハメになります。

よって、定期的な状況の確認と要因分析は欠かせません。

なお、ここでは営業部門を例に説明しましたが、製造部門であっても同じです。原価の削減に対してどこがうまくいっているのか、原材料の仕入れは低く抑えられているのか、労務費は低く抑えられているのか、経費が抑えられているのか等を確認していきます。

特に製造の場合、労務費の削減は頑張りどころです。単純な話、1時間で10個作っていたものを1時間で20個作れるようになると一個当たりの労務費は半分になります。原価率の削減については年間1~2%程度でいいとすでに述べましたが、1時間で10個作っているものを11個作るだけで、生産効率は10%の改善。凄い改善です。

このように、製造部門でも状況を確認しながら改善に取り組んでいきます。そのために必要な管理資料の書式を考えるのです。

ポイント

自部門の事務担当の使い方が資料作成のカギを握る!

第３章

収支計画（損益収支）でやるべき行動をはっきりさせる

収支計画（損益収支）とは

本章では収支計画について解説します。ここでいう収支計画とは、損益収支計画です。事業計画書の中に記載されているケースも多いです。また、事業計画書が損益収支計画書を指しているケースもあります。もう一つの収支計画である資金収支計画（資金繰り表）については、本書の別のパートで説明します。

皆さんの会社でも、おそらく収支計画は作られていると思います。事業再生に取り組んで初めて計画を作る、という方はなかなかいないのではないでしょうか。「金融機関から言われて毎年作っている」という会社は多いです。

もし、まだ作ったことがないようであれば、この章をご覧いただいて作ることをお勧めします。

そして、これまでに何度か収支計画を作った経験がある方は、この章で述べる内容を参考にして、再度計画作成に取り組んでみてください。

収支計画は、利益を獲得するうえでとても大切な資料になります。

私が初めてコンサルティングに入る会社で、「過去の収支計画書を見せてください」とお願いすると「どこにあったかな……ちょっとお待ちくださいね。ああ、あったあった。これですわ」と埃のかぶった収支計画書を持っていらっしゃるシーンがよくあります。

金融機関に提出するために収支計画を作ったものの、金融機関の支援を受けた途端に、書棚の中に埋もれてしまうのはよくあるケース。とてももったいないです。

収支計画には、会社がおかしくなるような数値目標は書かれていないはずです。会社が普通の会社として存続できるような数値計画が記載されています。

確かに、中にはちょっとこの会社にはまだ難しい目標だな、と思わせるような、いかにも金融機関に都合のいい計画になっている場合がないこともありません。しかし一般的には、その計画通り経営すれば会社が通常の会社として成立する内容になっていて、実現可能な計画なのです。

せっかく良い数値目標があるにもかかわらず、書棚の中にしまわれて利用されることもなく、計画を達成することもなく赤字が続く、または利益が出ない。そうして従業員に迷惑をかけるような会社はとても多いのです。

収支計画は達成するために作るものです。作った計画を達成しましょう。計画を立案し、取り組み、チェックして、改善、行動修正して、実行するのです。

ポイント

計画は作りっぱなしでしまっておいては意味がない！

収支計画は簡単に作れる

では収支計画の作り方をご説明します。別に難しいことはありません。

冒頭にお話しした、売上を2％増やそう、原価を3％削減しよう、という考え方と同じ次元で結構です。

いきなり売上2％を増やすことが難しければ、まずは売上1％増加、原価1％削減、

改善前

		売上からみた比率
売上	800	100%
原価	640	80%
売上総利益	160	20%
販管費	150	19%
営業利益	10	1%
営業外収支	▲9	-1%
利益	1	1%未満

改善後

		売上からみた比率
売上	816	100% 前期比 +2%
原価	628	77% 売上比▲3%
売上総利益	188	23%
販管費	143	18% ▲7（1%相当）
営業利益	45	5%
営業外収支	▲9	-1%
利益	36	4%

単位：百万円

で十分です。収支計画は達成できる数字を作れば結構です。むしろ、途中で投げ出してしまうような高い目標をいきなり設定するのではなく、「この程度ならできそうだ」という目標を作成してください。

さらに、計画は経営者のみで達成するものではなく、社員全員で達成するものです。売上は営業に頑張っていただかなければなりませんし、原価削減は製造に頑張っていただかなくてはなりません。営業責任者、製造責任者の方に「これならなんとか取り組めるな」と思ってもらえる目標であることが大切です。

「そんな低い目標にしたら、銀行から叱られるよ」という話も聞きます。「社長、もっと頑張っていただかないと、期限更新が不安になりますよ」と銀行さんから言われる……といった声も実際に聞きました。

しかし、その大半が誤解です。

確かに銀行員の中にはそのように厳しくおっしゃる方もいらっしゃいますが、その真意は「早く利益を継続的に獲得できる企業になってください。このままいくと倒産しますよ」と言いたいのです。

銀行員の方々は企業の倒産を願っているわけではありません。いい企業になってお金を借りて、利子をつけて返してほしいのです。ちょうど、学校の先生が生徒の学力が上がるよう期待して叱るように。

「利益を継続的に獲得できる企業にしたい」という思いは、経営者も銀行員の方々も同じなのです。

ただ、今までできていなかった、どうしてもうまくいかない企業にいきなり高い目標を期待しても、なかなか難しいのが現実です。

したがって、とにかく達成できる計画を作成しましょう。

大幅な赤字企業の場合は、資金状況を踏まえたうえで赤字の計画を作成することもあります。別に赤字を推奨するわけではありませんが、その翌年に黒字転換できるレベルへ進むための移行期間ととらえた計画です。

これまで何度も述べてきたように、経営改善では「利益」を増やさなければいけません。

売上重視か利益重視かという話がたまに出ますが、重きをおくべきは断然、利益です。利益を出さないと会社は存続できません。

ところが、売上を伸ばすことのみに注力している会社をよく見かけます。売上も大切なファクターですが、やはり利益を確保できないと話になりません。

ひどい場合は、利益を出すために、大幅な人員削減、いわゆるリストラを実施して利益を捻出しようという意見が出る会社もあります。

特に中小企業の場合、大手に比べ人材の確保は大変です。その大切な人材を削減して利益を一時的に確保しても、継続的な利益確保はできません。一時的に決算が改善しても、結局また利益の出ない状況に陥ってしまいます。

ですから、あくまでも稼ぐ利益額の増加を目指して、売上の増加、原価圧縮、経費削減に取り組みましょう。

ポイント

売上ではなく利益を見よう！

利益を確保するための計画づくりのコツ

では、具体的に利益を増やす計画とは、どのように作ればいいのでしょうか。

7ページの表に記載した典型的な例で言えば、たとえば去年の売上を1億円とした場合、今年の目標は売上を2％増加させて1億2百万円とします。なんとか今年の水準にちょこっと売上を足していただきたいのです。

10％増加といった目標だと、従業員がはじめから「難しいなあ……」と感じてしまうのですが、「2％なら誤差程度！」と説明すれば理解を得られます。中には「昨年の数字もヒイヒイ言いながら作ったのにもう無理です」と言う方もいるでしょう。そこまで言われたら、2％分は社長が作ってください。

無理に押し付けてもあまりいいことはありません。「無理です」と考える従業員の思考回路を、今年1年かけて修正することを目標にしましょう。「できない」「非常識だ」「無理だ」は、初めのうちはよく出てくる病気のようなものです。そのうち治ります。

もしリーダークラスがこの病気に感染しているようなら、この病気の治療から始めてください。中には社長が感染しているケースもありますが。

次に原価です。原価率を2~3%、削減していきましょう。現状の原価率がたとえば75%の場合、原価率3%削減の72%を目標にしましょう。可能であれば5%でも10%でも削減できればいいと思いますが、まず目標3%で結構です。

すると売上総利益1億6000万円、利益率20%だったものが、計算上は売上総利益23%になります。

次に、販売費や一般管理費を削りましょう。1億5000万円の販売管理費を700万円削って1億4300万円にし、売上比1%削減しましょう。

こうした細かい改善を積み重ねると、営業利益は当初1000万円だったのが4500万円になります。営業外収支は増減なしとした場合、経常利益は当初1000万円だったものが3600万円になり、36倍になります。

計画を作らずに取り組むと、なかなか利益を上げていくことが難しくなります。本項の説明では、簡単に売上1億円を1億2百万円にしましょうと述べましたが、これは目標に向けて動かないとできません。ただ空を見上げて「売上が増えないかなあ」とぼやき、お客さんからの受注を毎日こなして納品をしているだけでは売上は増えないのです。やはり売上を3％増やすためには増やすだけの工夫、取り組み、努力をしなければいけません。

そのためには売上の責任者、多くの場合は組織図で言うところの営業の責任者に、売上を伸ばすために頑張ってもらうのです。

「そんなこと言ったって、2百万円伸ばすのは難しいよ、簡単じゃないよ」という嘆きの声が聞こえます。はい、簡単ではありません。しかし難しくもありません。

売上を伸ばす具体的な方法論については、後述します。

「原価を1％削るのは大変だよ、簡単にはできないよ」という声も散々お聞きしました。確かに簡単ではありませんが、難しくもありません。

ただこれも、「原価が減らないかなあ」とぼやいたところで原価は減りません。原価削減の方法論についても、後述する原価のパートでご説明します。

「販売管理費を3％落とすって難しいよ、簡単にはできないよ」という声も聞きました。確かに簡単ではありませんが、これもそんなに難しくはありません。

過去私が拝見した会社で、コンサルティングが入る前から販売管理費の削減にしっかりと取り組んでいる会社はありませんでした。削減の余地はあるのです。たった3％ぐらいであれば尚更です。

先ほどの表をご覧いただきたいのですが、収支改善を行って経常利益が3600万円になる、つまり3％を超える経常利益を出すというのは、普通の会社になるということです。一般的に企業の経常利益率は売上の3％から5％と言われているからです。

普通の会社になるということは、金融機関との取引もしっかりして、賞与もしっかり出して、地域に貢献する仕事をし存続していく企業になっているということです。

そして翌年また翌年と、この努力を重ねていくと、経常利益は大きく膨らんでいきます。確かに、毎年原価を1％ずつ、毎年販売管理費を3％ずつ落とすことは難しいと思います。ただ「売上増加、原価率削減を継続していく考え方」を身に付けるかどうかで、利益を継続的に確保できるかどうかが違ってきます。

計画を作らず、または計画を作っても棚の中に入れっぱなしにするのではなく、計画の達成に取り組みましょう。

数字の作り方も、いろいろな方法があります。現場からボトムアップで作る会社、トップダウンで決めて現場に指示する会社。いろいろですが、最初はトップダウン＋ボトムアップ方式をお勧めします。

最初は経営サイドで計画数字の概要を作成して「営業はこの目線で検討してもらえないだろうか」「製造はこの目線で検討してもらえないだろうか」と説明し、各部門で揉んでもらって確定させていくのです。

ただ、方法論はさまざまなので、あなたの会社に合ったやり方で進めてください。

これまでの経験だと、計画策定時点では社内で大きな議論になるパターンは少ないです。なぜなら、計画数値の達成に向けて取り組んだ経験がありませんから。

大概は「はい、わかりました。この程度ですね」となります。そしてそのまま、その計画が書棚にしまわれて埃を被っていたのが従来です。

しかし、これからは計画ができたら、計画を達成するために日々、毎月、努力するのです。

すると、初年度の計画では「はい、わかりました」とだけおっしゃっていた責任者の方でも、2年目の計画策定では「ああだ、こうだ」と多くの意見をおっしゃるようになります。「計画数値を達成するのは大変。ちゃんとやらないといけないことがわかったので、とにかく目標を低くしよう、楽に達成できるところに収めよう」という思考が働き、びっくりするほど意見が出てきます。

結果、予算設定の会議はとてもうるさくて面倒にはなりますが、計画数値を達成する意識を社員が持った証拠なので、喜ばしい現象です。

私の顧問先の、2年目の売上計画策定会議で、必死に「なぜ今年度は3％の売上増が無理なのか」を力説する営業責任者を見ると、内心はニヤニヤしながら、その成長を眺めています。

ポイント

社員が目標を意識するようになれば、組織は自律的に回っていく！

月次計画を作ろう

年間の収支計画ができたら、次に月次計画を作りましょう。

多くの会社の売上は、季節変動の影響を受けています。夏に売れるものを作っている企業であれば、夏が来ればあわせて物流量も売上も上がり、卸、小売りも売上が増加します。季節変動を要因として売上が増加、減少するのです。したがって、昨年または過去数年の月次の変動を踏まえて月次計画を作成してください。

月次の売上、原価、販売管理費は昨年（場合によっては数年分）の試算表を参考に作りましょう。

原価は完全に売上連動であれば、売上連動で計算。一部固定費（たとえば原価性減価償却費や、固定人件費等）があって完全に売上連動しない場合は、必要に応じて計算してください。

注意点として、月次計画は必ず自社で作成してください。税理士や会計士に丸投げの会社を見かけますが、これは極力やめましょう。

計画策定を丸投げすると、数値の根拠がわからなくなるからです。たまに埃の被った計画書を示しながら「この計画書は○○先生が作ったんだ。内容については○○先生に聞いてくれ」とおっしゃる経営者がいますが、それでは全く計画の意味がありません。

計画を達成する責任は、自社にあります。なぜ売上目標がこの数値になっているのか、なぜ原価目標がこの数値になっているのかを、経営者がしっかりと理解してください。

この後、予実管理、つまり計画を実行する方法を説明しますが、予実管理が自社でできなければ利益確保はできないと言っても過言ではないくらい大切です。なんだかんだと理由を付けて予実管理ができない会社は、すべて再生がとん挫しました。

多くの経営者が「忙しくて時間がなくて」「人が辞めてしまって」「資金繰りが大変で」などと言い訳をしますが、ちょっと厳しく言えば、忙しいのも、人が足りないのも、資金繰りも世の中の大半の会社が苦労しています。別にあなたの会社だけの問題ではありません。その基本の部分に取り組めないのであれば、経営できないと言っているのと同じです。

月次計画書（例）

（7 月以降の月次収支を省略）

	4月			5月			6月			第1四半期計			第2四半期計			上半期計			下半期計			年間計		
	計画	実績	差額	計画	実績	差額	計画	実績	差額	計画	実績	差額	計画	実績	差額	計画	実績	差額	計画	実績	差額	計画	実績	差額
売上	6			7			12			25			30			55.0			48.0			103.0		
原価	5.5			5.4			8			18.9			21			39.9			36.3			76.2		
売上総利益	0.5			1.6			4			6.1			9			15.1			11.7			26.8		
（利益率）	8%			23%			33%			24%			30%			27%			24%			26%		
販売管理費	1.7			1.5			1.8			5			5			10.0			12.3			22.3		
営業利益	-1.2			0.1			2.2			1.1			4			5.1			-0.6			4.5		
営業外収支	-0.1			-0.1			-0.1			-0.25			-0.4			-0.7			-0.3			-1		
経常利益	-1.3			0.0			2.1			0.85			3.6			4.4			-1.0			3.5		

　つまり、世の中の会社では、経営できない経営者に従業員も取引先も金融機関も振り回されているのです。

　経営できないのであれば、経営できる方に委ねましょう。方法はいろいろあります。言い訳に終始して赤字経営を続けるのだけはやめましょう。

　ただし、最初から完璧にできるはずはないので安心してください。そのための組織を作って人を動かしてください。先ほど示した計画書ができれば十分です。追加したい情報があれば自由にアレンジしていただいて構いません。できたら具体的に、たとえば売上上位の得意先だけでも個別に計画金額を算出するぐらいの取り組みはやっておくといいでしょう。

「A社の売上、今年は1億円だったけど、来期計画は1億5百万円ぐらいかな?」「伸びる余地はある?」「どうやって伸ばす?」等を協議してください。ここまでできたら相当なものです。目標の3合目までは到達しています。

そしてこの時点で、社長が各部門責任者と数値の確認をしてください。カッコよく言うと経営者とコミットしてください。

営業部長との間で、

社長「いろいろ協議したけど、翌年度はこの計画(月次計画)でお願いしたい」

部長「はい、わかりました。頑張ります」

というやり取りを実現させるのです。製造の部門も同様です。

数値管理をしっかりやっている会社では、ここまで述べた作業はすでに実施しているところもあると思います。ただ、改めて達成可能な数値を各部門責任者と確認し、今期は計画を超過していくという方針(売上は超過、原価、経費は削減)を確認してください。

なお、経費の責任者とも同様のやりとりを行います。

ポイント

計画策定は必ず自社で！　税理士への丸投げはNG

主要項目の目標を作ろう

年間の予算ができたら、売上については営業部、原価については製造部、販管費については本部で管理するよう、割り振りをします。

そして、営業部でいえば、割り振られた売上を取引先別にさらに割り振る作業を行います。去年どの会社に対していくら売ったのかをベースに、今年どこに対していくら売ればいいのかも考えましょう。そうして徐々に、担当者が努力するポイントを具体的にしていきます。

後ほど営業の項目でお話ししますが、昨年の数値以上に成果をあげるのは簡単な話ではありません。マーケットが右肩上がりになっている場合はなにもせずに達成できるでしょうが、右肩上がりになっているマーケットは昨今少なく、多くの企業が右肩下がりのマーケットで闘っています。その中でいかにして数値を達成するのか。そこの部分は知恵を使わなければいけません。

自社の営業スタイルを鑑みてどこから手をつければいいのかを、営業責任者はよくメンバーと打ち合わせをしてください。ただ担当者に「頑張ってくれよ」とだけ活を入れるのではダメです。気合いで数字が作れるのであれば、そんなに楽なことはありません。時には気合いも必要でしょうが、やはり知恵と汗を使わないとなかなか数字は作れません。

また、製造部であれば原価率に着目しましょう。製造部の仕事は「良いものを安く、納期までに製造すること」です。ですから、まず原価率がどのようになっているかを理解しましょう。私が関与している中小企業で、製造責任者が会社の原価率が何パーセントなのかを知っている会社はごく稀でした。繰り返しますが、製造責任者は原価をあまり気にしていないのです。

納期に間に合わせる努力だけはしっかりとやっているのですが、その他にはあまり取り組んでいない場合が多いです。「良いものを安く作る」という観点が欠如していると、会社は利益を上げられません。

では、どうやって製造原価率を下げるのか。製造原価率を下げるのにもさまざまな方法があります。詳しい内容は専門書にお任せするとして、本書でお伝えしたいのは、「意識して原価削減に取り組めばちゃんと下がる」という一点のみです。

前述したように、削減をどのくらい行えばいいかの目標はせいぜい1％から2％程度でした。

人によってはもっと下げるべきだとおっしゃると思いますが、必ず達成するのが目標ですから実現可能な数値を目標とします。

製造業の場合、製造原価は見直しに取り組めば取り組むほど、削減が可能です。

製造原価は通常、材料費と労務費、その他経費で構成されています。それぞれのコストがどういう割合になっているのかを検証し、その売上比率を低下させる具体的な作業を検討し、年間の原価予算を作っていくのです。

たとえば材料費。材料費の削減を行うためにはどこからどのような材料を購入しているのかをわかるようにする必要があります。

ＡＢＣ分析を使って、購買数量の多い品目から購買価格削減に取り組んでいきましょう。

《ＡＢＣ分析とは》

全体に占める度数の割合が大きい項目をA、中程度の項目をB、少ない項目はCと分類して、全体に占める割合の大きさごとに分析を行っていく分析手法をＡＢＣ分析といいます。この分析は企業戦略における製品開発や製品購入層の分布分析、製品の不良品発生率の管理などにも活用されています。（総務省統計局ホームページより）

パレートの法則、２：８の法則などとも言われますが、全体の20％の項目が80％の数字を占めているというものです。

次ページの図では、15品目のうち、上から3品目（20％）の０１０、００３、００４の在庫金額の合計値が全体の金額の80％（表では78・８％）を占めています。

この場合、15品目すべてを管理するのではなく、まずは3品目の管理を行うことで、全体の80％を管理しましょう。

この方法だと、まず重点管理品として上位3品目を管理するところから始めることができます。

私はよく顧問先の製造現場で、今までは1時間で100個、製品を作っていたなら、

品目 No	在庫金額	構成比	累計構成比
010	7,256	31%	30.8%
003	6,345	27%	57.7%
004	4,982	21%	78.8%
011	1,150	5%	83.7%
005	935	4%	87.6%
002	822	3%	91.1%
008	711	3%	94.1%
001	500	2%	96.3%
009	350	1%	97.8%
006	200	1%	98.6%
007	100	0%	99.0%
015	80	0%	99.4%
013	70	0%	99.7%
014	50	0%	99.9%
012	30	0%	100.0%
合計	23,581	100%	100%

（小数点以下を丸めています）

これからは1時間で110個作ろう、という話をします。同じ時間で多くの製品を作れば、それはすなわち人件費削減につながるからです。リストラをする必要もなくなります。

多くの生産ができれば、それだけで売上も増加するのです。

なお、卸売業、小売業でも同様に仕入れ原価の削減に取り組みます。いろいろな業態の会社で原価削減は可能です。

私が関与している会社で、原価削減の取り組みを行って全く成果が出なかった会社はありませんでした。原価削減の方法は後述します。

続いて、販売費や一般管理費といったその他の経費についても、金額の多い品目から順に削減方法を検討していきます。たとえば金額の多いのが人件費であれば「何人に対してどのように賃金を支払っているのか」、水光熱であれば「使用量と単価はどういう関係にあるのか」、賃借料であれば「どこでどんな賃借物件に対する賃料を払っているのか」などを整理していくと、削減方法を検討できます。

このように売上、原価、経費についてそれぞれの担当セクションで計画を達成するための取り組みを行うことで、当初計画した利益を得られるようになっていきます。
今まで利益があまり出なかった、赤字であったという会社が、普通に利益を確保できるようになるのです。

ポイント

ＡＢＣ分析をすれば、とるべき戦術がわかる！

第4章

資金繰り表で会社のお金の動きを実感する

資金繰り表に挑戦！

私がコンサルティングに入ると必ずお願いしているのが、資金繰り表の作成です。最初から資金繰り表をしっかりと作成して確認している会社は、なかなかありません。そもそも資金繰り表を作成していない、経理担当がやっているので、お金が足りないときぐらいしか言ってこない、銀行には出したものの、その後は使っていない等々が、多くの企業で見られるパターンです。

しかし、資金繰り表を作っていない、あるいは作っていても役員が確認していないというのは、とてももったいないことです。資金繰り表を作成すると、とても多くの情報を整理できるからです。

「いつまで資金がもつのか」「資金をどのように利用するのか」など、損益計算書だけでは見えない事実が見えてきます。「この夏の賞与はどのくらい出せるのか」「設備投資は可能か」等、会社の方向性を決める決断をするときに、資金繰り表は必要不可欠な資料になります。

では、どうやって資金繰り表を作成すればよいのでしょうか。資金繰り表を作るのは簡単なのですが、意外と作成法を教えてくれる教科書や書籍が少ないのです。

ここでは、すぐに役立つように簡単に作成の仕方を説明します。

作成自体はそんなに難しくはありません。ただ、作り方を理解していないととてもややこしい作業になります。

したがって、ここではその基本的な作成方法をお伝えします。

ポイント

資金繰り表は必ず経営陣が把握しておく!

資金繰り表の作り方

資金繰り表は日繰り表と月繰り表があります。基本的には両方作成することになります。

ここでは、月繰り表の作り方からご説明します。

まず書式を用意してください。

作成手順としては、

①一番上の月次の売上見込みを入力します。

②次に売上回収パターン、仕入れパターン、を欄外に条件として入力します。

③経費を入力します。多くは月次予算を作成した時に利用した数字を使います。

④予算にない税の支払い、銀行借入、返済、設備投資に係る支払いを入れます。

月次資金繰り表

単位　千円
令和　年　月　日作成

	4月	5月	6月	7月	8月	9月	10月	11月	12月	1月	2月	3月	合計
売上見込み（税別）													0
売上見込み（税込）（自動計算）	0	0	0	0	0	0	0	0	0	0	0	0	0

				実績	予定	予定	予定	予定	予定	予定	予定	予定	予定	予定	予定	（単位　千円）
				5月	6月	7月	8月	9月	10月	11月	12月	1月	2月	3月	4月	合計
前月繰越金					0	0	0	0	0	0	0	0	0	0	0	0
経常収支	収入	営業収入	現金売上	0	0	0	0	0	0	0	0	0	0	0	0	0
			売掛金入金	0	0	0	0	0	0	0	0	0	0	0	0	0
			その他													
			計	0	0	0	0	0	0	0	0	0	0	0	0	0
		営業外収入	受取利息、配当金													0
			雑収入													0
			その他													0
			計	0	0	0	0	0	0	0	0	0	0	0	0	0
		合計		0	0	0	0	0	0	0	0	0	0	0	0	0
	支出	営業支出	現金仕入	0	0	0	0	0	0	0	0	0	0	0	0	0
			買掛金支払	0	0	0	0	0	0	0	0	0	0	0	0	0
			人件費													0
			経費													0
			その他													0
			消費税													0
			計	0	0	0	0	0	0	0	0	0	0	0	0	0
		営業外支出	支払利息													0
			雑損失													0
			計	0	0	0	0	0	0	0	0	0	0	0	0	0
		合計		0	0	0	0	0	0	0	0	0	0	0	0	0
	経常収支過不足			0	0	0	0	0	0	0	0	0	0	0	0	0
財務収支	収入	借入金	長期借入金													0
			短期借入金													0
																0
																0
			その他													0
			計	0	0	0	0	0	0	0	0	0	0	0	0	0
	支出	借入金	短期借入金返済													0
			長期借入金返済													0
			役員借入金返済													0
																0
																0
			その他													0
			計	0	0	0	0	0	0	0	0	0	0	0	0	0
	財務収支不足			0	0	0	0	0	0	0	0	0	0	0	0	0
単月現金収支				0	0	0	0	0	0	0	0	0	0	0	0	0
翌月繰越				0	0	0	0	0	0	0	0	0	0	0	0	0

月末休日の場合の 翌月休日明け残高													

以上です。

月次予算表を作成していればそれほど難しい作業ではないのがおわかりいただけるでしょうか。

なお、初めて作成したり従来のものから作り直したりした場合、100%の精度を求めないでください。どうせ資金繰り表は変わります。

なぜか？

この資金繰り表の作りをご覧いただくと、売上によって大半が決まるようになっています。売上が多ければ仕入れが多くなり、その分他の経費も上がります。売上が下がれば、仕入れが減り、経費も下がります。

売上は毎月の見込みより多くなった、少なくなった、今月は思っていた以上に売上があがる……といった差異が発生しますから、資金繰り表は毎月見直しが必要なのです。役員会では誤差を読み解きながらチェックします。

事前にいくら考えたところで、どうせ100%の精度は出ません。3ヶ月後の売上が今確定している会社は少ないと思います。飲食業であれば明日の売上もわかりません。

しかし、予測をしながら、資金がもつのか、足りないのかを見るのが大事なのです。初めて、または作り直しで作成する方には、その点を是非ご理解いただきたいのです。資金繰り表の売上精度は70％程度でも結構です。４ヶ月後の売上の精度は60％、６ヶ月後の売上の精度は30％程度でしょう。

その程度で結構です。それ以上の精度を求めても無理です。そんなものだと理解して、まずは資金繰り表を作成してください。

ポイント

資金繰り表は精度にこだわらずにまず作る！

売上見込みの入力の仕方

資金繰り表については、一点、注意事項があります。売上見込みの数値は経理ではなく、営業責任者に入れてもらってください。今後の毎月の売上がいくらと見るのかを、営業責任者に考えさせるのです。

よく、この作業を経理が行っている会社があります。むしろ経理が入力しているケースが大半です。しかし、経理は営業のことはわかりません。営業を一番理解しているのは営業責任者です。営業責任者に「あなたの売上が会社の資金繰りに直結しているのです」ということを感じてもらうためにも、営業責任者に売上見込みを入れさせてください。

なお、ここもあまり精度に神経質にならずに、今の月次予算表の数値を見ながら、3ヶ月後はこの程度、4ヶ月後は主要先の状況から少し増加、それ以降はフラット等と入れる程度でいいです。

仕入れについては、売上連動にするのが一般的です。

企業の支払いサイトには、「当月の支払いが買掛金で前月締めの当月払い」、「2ヶ月サイト」等があります。当月の入金、出金は大半が確定していると思いますし、掛け金がある場合は来月の多くの部分も見えていると思います。確定した部分は確定分で修正します。

さあ、これで資金繰り表ができました。

あとは毎月、売上見込みを修正し、確定分を入力するだけで月繰り表は毎月作成できます。

ポイント

まずは月次のお金の流れを理解しよう

資金繰り表をチェックしよう

次に、この資金繰り表を役員会でチェックします。役員会のやり方は後ほど述べます。

資金繰りで確認すべきは、

①資金状況の見通しはどうか
②問題があるとしたら、要因はなにか
③資金が不足する場合、どう対応するか

という3点です。

そのためにざっと6ヶ月程度を見渡します。そうして6ヶ月後に資金不足が見込まれている事実が発覚した場合、どう対応するかを検討します。

資金を増加させる方策としては、

①入金を増やす
②出金を減らす
③借入を行う

の3つが考えられます。

①の入金を増やす方法は、資金不足に陥るタイミングまでに営業に頑張って売上を増やしてもらう方法もあるでしょうし、決算セールを実施して利益度外視で在庫を処分して換金する方法もあるでしょう。

②の出金を減らすは、たとえばしばらく水道光熱費を抑えるとか、賞与資金を抑える等が考えられます。

③の借入金は金融機関からの借入金の他、取引先も含めて協力を求める方法があるでしょう。

これらの方法を駆使して、資金繰りを行っていきます。

しかし、実は多くの会社では、経理担当がなんとか帳尻を合わせていることが多いのです。社長もほとんど資金繰りを見ていない。ましてや営業責任者は資金繰りなんて自分とは違う世界のことと考えている。そういった会社を多く見てきました。

資金繰りは、会社のすべての部門に関係する大事な仕事です。ですので、資金繰り表は役員会でしっかりチェックしていくべき資料なのです。

ポイント

目指すべき売上も資金繰り表から導き出される

日繰り表で日々の資金繰りをチェック

さて、次は日繰り表を作ります。日繰り表は日々の資金の出入を入力する資料です。

日繰り表

（単位：千円）

	入金							出金						
日付	支払先	科目	売掛金	手形期日	振込み	現金	累計	支払先	科目	振込み	引き落とし	現金	累計	残高
3月31日	前月繰越						89,350							45,000
4月1日	A商事	売掛金					0						0	45,000
4月1日							0		事務用品			30	30	44,970
4月5日							0		水道料金		2,980		3,010	41,990
4月10日	D社			3,000			3,000		電気料金		6,500		9,510	38,490
							3,000	O商事	買掛金	4,500			14,010	33,990
							3,000	OA社	買掛金	8,000			22,010	25,990
							3,000	P産業	買掛金	15,000			37,010	10,990
							3,000	Q機器	買掛金	3,800			40,810	7,190
4月15日							3,000		社会保険	1,600			42,410	5,590
	D社		3,500				6,500						42,410	9,090
	F商会		30,000				36,500						42,410	39,090
	H産業		600				37,100						42,410	39,690
							37,100	M銀行	返済		4,500		46,910	35,190
							37,100	Y銀行			1,000		47,910	34,190
4月20日	E商事				8,000		45,100						47,910	42,190
4月25日							45,100		人件費	18,000			65,910	24,190
4月30日	A商事	売掛金	5,000				50,100						47,910	47,190
	B商会	売掛金	2,800				52,900		運賃				47,910	49,990
	C商事	売掛金	3,700				56,600		賃料				47,910	53,690
	G社	売掛金	6,000				62,600	S信金			500		48,410	59,190
	Y産業	売掛金	10,000				72,600	Z銀行			1,300		49,710	67,890
計			61,600	3,000	8,000		72,600			50,900	16,780	30	67,710	49,890

日繰り表は多くの会社が作成しているので、拝見する機会が多いのですが、支払いや入金の相手先名と科目くらいはわかるようになっていてほしいのです。

チェックポイントは、

①日々の残高に不足はないか

②売掛先はどこで、いくらの入金があるのか

③それぞれの支払い先、金額に問題はないか

という3つです。

上のサンプルで見ると、当月の残高は不足なく回っているのでひとまず安心です。

次に入金先の名前と金額を確認します。

たとえば、15日入金予定のＦ商会からの３０００万円の入金が遅れた場合、25日の人件費の支払いができなくなってしまいます。このため、Ｆ商会の仕ぶりと業況のチェックを行います。

月の中で支払いが入金よりも先行する場合、繰越金で月中支払いを行っている会社もあるでしょうから、そうした会社では月次表の欄外に必要繰越金を記載しておくとよいでしょう。

しかし、そうはいっても実際には、なかなかできない会社もあります。

主な原因は、

①経理担当者がＰＣに不慣れ
②従来のやり方（主に手書き）に慣れているから
③面倒くさい

といったところです。

こんな原因で会社をピンチにしますか？　従業員の給与未払いを発生させますか？　取引先への支払いを遅らせて迷惑をかけますか？

ＰＣは道具なのでいずれ慣れます。慣れるまでは面倒ですが、慣れたらＰＣの方が楽です。ぜひ、取り組んでいきましょう。

業態によっていろいろな事情があり、作成される資金繰り表も異なりますが、自社の内容に合わせた資金繰り表を作成しましょう。

よく外部に作成を委託しようとされるケースを拝見します。しかし、日々使う道具なのです。それをたまに、外注でレンタルのように使って意味がありますか？

外部に都度作成依頼する意味はありません。少なくとも経理の方は日繰りの予定は作成されていますから、それにくわえて月次表を作るだけです。

ポイント

「できない理由」は必ず解消できる！　とにかく外注丸投げはNG

第5章

予実管理で業績を具体的に高める

予実管理は増減の「理由」を考える

予算ができたら予実管理をしましょう。

予実管理とは予算を立て、その予算に対する実績を検証し、次の対応策を検討、実施する管理方法です。

たとえば1ヶ月の売上予算100、実績98、差異▲2……と数値で見えるようにしたうえで、この▲2の未達の要因を検証し、対策を検討、実施するのです。予算はできれば月次予算、場合によっては日別予算、週予算等、必要に応じて作成、管理することをお勧めします。

予実管理を行うと、会社のどの部分に問題があるのかが明確にわかります。

たとえば売上が未達である要因は何か、原価が超過している要因は何か、経費が少ない要因は何か、という事実が見えてきます。

予実管理をしっかりとやることで、各部門がやるべき行動がしっかりと見えてくるのです。経営するうえで現状の問題点がどこにあって、どこに注力していくのかが明確になるのは、非常に大切なことです。

漫然と日々変わらない仕事を行っていると「いつの間にか売上が足りない」とか「いつの間にか原価が上がってしまった」等という事態が発生します。

また、予実管理資料で毎月しっかりとチェックしていかないと、売上が足りない状況がわかるのが決算後、という恐ろしい事態になってしまいます。

予実管理はとても大切な管理方法です。

では具体的にどうやって予実管理をするのでしょうか。

仕組みはとても簡単で、予算の横に実績を入れるだけです。簡単な予実管理表の仕組みを見てみましょう。

116ページの表でわかるのは、売上が2未達であることです。未達の要因はなんでしょうか。なぜ2未達だったのでしょうか。

原価は1減少していますが、原価率は0・6%増加しています。なぜ増加しているのでしょうか。原価の中身を見たくなりますね。

項目	予算	実績	差額
売上	100	98	▲2
原価	80	79	▲1
（原価率）	80%	80.6%	＋0.6%
販売管理費	17	18	＋1
営業利益	3	1	▲2

販売管理費が1超過しています。なぜ超過したのでしょうか。

こうして未達、または超過した要因を確認するのです。要因分析という言葉を使いますが、要はなぜ？　と理由を考える、ということです。なぜを5回ぐらい積み上げると答えにたどり着くことが多いです。

売上の未達はなぜ？　A取引先の売上予算1000万円に対して800万円で▲200万円だったから。なぜ200万円未達だったのか。先方が仕入れを抑えたから。なぜ仕入れを抑えたのか。店舗改装で1店舗の仕入れがなくなったため。なぜ店舗改装を行ったのか。競合店が改装して売上が落ちているから。A取引先としても基幹店であるので、店長を代えて、重点的な取り組みを行おうとしている。といった内容が見えてきます。

すると、その対応をどうするのかを検討し、作戦を立案、実施できるようになります。

ポイント

目標未達でも超過でも、「理由」を考えるのが重要

要因の分析をしよう

業績悪化の要因が景気の悪化なのであれば、世の中の会社はすべてが業績悪化しているはずですが、現実にはそうなっていません。

政治が悪いのであれば、政権が変われば世の中が良くなるはずです。しかし、かつて政権交代が起こったときも業績不振の会社はたくさんありましたよね。

現実には、景気や政治がどうであろうが、業績がいい会社は絶対に存在するのです。では、業績が悪い会社と業績が良い会社の違いは何でしょうか。

やはり経営の違いはとても大きいです。業績の悪い会社は、経営のやり方が大きく間違っているのです。

経営のやり方と言っても別に難しいわけではありません。これまで述べてきたように、組織図を作り、責任者、責任範囲を明確にして、目標達成に取り組めばよいのです。どうやって取引先を攻略するのか、どうやって安く良い製品をたくさん作るのかを考えて取り組む。失敗したらまた考える。実行してみる。日々に流されずマーケットの動きを理解しながら対応していくだけです。

作業量も増えるわけではありません。ただ日々の受注に振り回されるだけの仕事ではなく、頭を使って考えながら仕事をしますから、多くの社員が楽しい有意義な仕事をすることができます。

各社でのコンサルティングで実行しているのは、要因を検討して、対策を講じることです。

まだコンサルティングが始まって日が浅い企業の場合、営業責任者が「頑張りが足

相手先名	予算	実績	差額
A社	20	21	＋1
B社	18	25	＋7
C社	15	5	▲10
D社	10	5	▲5
E社	10	8	＋5

りなかったので」とおっしゃることがあります。

しかし分析してほしいのは「頑張ったか、頑張らなかったか」ではなく「なぜ数字が足りなかったか」です。それには、取引先別の状況がわからないと説明できません。

取引先でどこが良かったのか、どこがうまくいっていないのかということがわからないと、売上の未達もしくは超過要因を説明することはできません。

ですから、売上の責任者には取引先別の状況を理解してほしいのです。

上表のようになっていた場合、なぜC、D各社が大きく未達なのか、なぜB、E各社が大幅超過なのか、なぜA社はほぼ予算通りなのかを分析しましょう。

予算と実績の乖離が起こるのは日常茶飯事ですが、なぜ乖離が発生したのかを分析しないと、発生している問題が見えなくなって、いつの間にか売上が落ちてしまう結果になります。

未達、超過、予算通りにはそれぞれ原因があるのです。

原因に目をつぶり、ただ「頑張ります」と言うことがどんなに無意味かはご理解いただけるのではないでしょうか。この「頑張ります」は、部下の方にしたら何を具体的にしたらいいのかがわかりません。

大きな声で挨拶する？　客先に何度も足を運ぶ？

具体的な行動を一緒に考えて決めなければ成果はなかなか得られません。

現場で何が起こっているのか、なぜ数字がこんなに動いているのか……それらをよく観察して対応策を打てるか打てないかが、営業責任者の仕事の良し悪しになります。

そうして考えるためのツールとして、予実管理表を利用するのです。後ほど述べますが、日報も大切な管理ツールになります。

そして、経営者は営業の現場でどのようなことが起きているのか、営業責任者がどこまで理解し対応しているのかをチェックするのです。

経営者がそうしたチェックを怠ると、営業は現場を見なくなります。ただお客様からの受注のみに流されてしまいます。お客様からの受注で手一杯になり、他のことが見えなくなります。売らなくなります。

数字が見えてないと、受注して納期までに発送するだけで仕事をやったことになります。確かに営業の仕事の大きな部分は納期管理だったりしますが、お客様から受けた受注を納期までにしっかりとこなせば終わりになっているのはとてももったいないです。

重要取引先で何が起こっているのか。人事異動があった、新規店をオープンする計画がある、新規取引先として○○が有力、人脈から△△すれば入っていける可能性がある、等々です。

受注対応のみではない、売る方法を考えることができる、売れる営業を作っていく必要があります。

数値管理を入れると、営業の動きが変わってきます。売るという作業を入れるのです。売り込む作業を入れることによって、マーケットに対するアプローチが、意識が全く変わってきます。「売らなければいけないのに売れないのはなぜだろう」と考えてもらうのです。

どこの会社にも、簡単に売れるような製品はありません。基本的に、製品は売れないのです。営業は売れないものを売っているのです。

とにかく、経営者は営業の現場で何が起きているのか、営業責任者がどのレベルにあるのか、どのように営業していくのかをチェックし、対応策を確認し、一緒に考えて指示を出すのです。

「それでいいね。頑張って！」もあるでしょうし、「もう少しこうすべきでは」もあるでしょう。

場合によっては社長によるトップセールスが必要にもなるでしょう。

営業責任者や現場がしっかりと動いているか、対応できているかを見て、対応策を指示してください。

どうです？

予実管理を行うだけでこれだけ管理すべきことが見えてきました。

これまでの会議では「先月の売上は98でした。状況はまずまずなのですが、現場の人間はさらに頑張っていますので、これからも頑張ります」に対し「よくやっているね、引きつづき頑張るように」といった意味不明のやり取りに終わった会議の中身が、全く変わるのです。

「C社の未達の要因は？」「まずは先方から要因をヒアリングしよう」「担当にまず先方バイヤーと接触させて確認しよう」「どうも最近C社にライバル社が頻繁にアプローチしていると噂になっている」など、情報交換しながら対応方針を明確にできます。

営業だけではなく、製造や本社も同じです。どの部分が超過か、どこが未達か、その要因は何か、どう対応していくのかをチェックし、考え、指示していくのが経営の仕事です。

組織図を作り、予算を作る目的はここにあります。

どこに問題があるのか？　なぜその問題が発生しているのか？　これらを知ることで、現場がどのようにその問題に取り組んでいるのかがわかるようになるのです。

そして、目標を超過するために会社として何をしたらいいのか、経営者は何をすればいいのかが見えてきます。
これが、目標を確実に超過する仕組みです。しかも難しくありません。
そんな便利なやり方があるのであれば、いつやるんですか？　もちろん、今です。

ポイント

予実を管理するだけで、やるべき行動が見えてくる！

第6章

会議でチームを動かす

無駄な会議に時間を費やしていませんか？

私がこれまで見てきた会社で、最初から会議を上手にやっている会社はありませんでした。とても会議と呼べるものになっていなかったのが実情でした。

たとえば、社長が一人で檄を飛ばし、社員は下を向いてその言葉が通り過ぎるのを待つだけの会議。気の毒に社員さんは何も発言せず、指名されたら直立不動でしどろもどろに返答して社長に怒られていました。

他の会社では、各責任者が資料に書いてあることを読み上げて報告するだけ。質問に対する応答もなく、最後に社長が「頑張ってください、以上」という会議。

資料を読むだけなら資料を回覧すれば済みます。わざわざ時間を合わせて集まる必要はないでしょう。

会議は「やることを決めるために集まる」仕組み。それを意識すると、とても便利なものになります。

会議とは、「関係者が集まり、特定の目的（議題）に関して意見交換・審議し、合意・施策などの意思決定をすること」です。つまりいろいろな意見を出し合って、対応策を決めるのです。資料を読み上げて終わりでは何も議論をしていません。何も決まっていません。

では、具体的にどのように会議を進めていけばいいのでしょう。

あまり難しくはありませんが、やはり少しはやることがあります。進め方、やり方は会社として明確に取り決めてください。誰か声の大きい方に会議をかき回されないためにも。

会議の進め方としてはまず、進行役（議長）を決めます。そして進行役主導で議題を議論し、対応策を決定し、取り組むのです。前回会議で立てた作戦の、進行状況の報告も必要です。

進行役としては、社長をはじめとする、地位があって主張の強い人物はあまり適材ではありません。

進行役は議題を絞り、今、何を議論するのかを決め、その議論を進めていきます。

社長はどうしても結論を急いだり、決定権者として圧力をかけてしまったりしがちなので、他の人の意見を妨害することが多く、適任とは言えません。進行はしないほうが賢明です。

もっと言えば社長は、質問する程度はいいですが、あとは何も言わずに聞いていていただけたらと思います。

会議の主役は出席者です。よっぽど賢い社長であれば社長の見立てがすべて的確なのでしょうが、普通の会社であれば出席者の方が現場の状況など社長よりよほど理解しています。

進行役に意識していただきたいのは、

①議題を明確にする
②議題になった問題の原因を議論する
③対応策を議論する
④対応策を決定する

という流れです。

ここでいう会議には、取締役会、営業会議、製造会議等、いずれのレベルの会議も当てはまります。取締役会は会社法で設置会社の有無の規定がありますが、取締役会非設置会社であっても、会社の状況を確認するためには取締役会に代わる会議を開催すべきです。

ある会社で、「会議を多くしたら、会議にばかり時間を取られてしまう」といった話が出てきました。そう言われて会議に参加すると、会議は行われていますが、ダラダラとした近況報告、情報交換のみに終始して、何も検討せず、何も決まっていません。会議のやり方を理解せずにただ会議だけを増やしても、あまり意味がないのです。特に会議の中心となる各リーダーが、会議のやり方を理解してから、それぞれの会議を行うほうがうまくいきます。

では、①～④のポイントを順番に説明しましょう。

①議題を明確にする

議題の明確化は、会議を進めるために大切です。

といっても難しい話ではありません。たとえば営業会議の目的は「営業数値の達成」ですから、各営業責任者と担当の置かれた状況の中でうまくいっていない部分をうまくいかせるためにはどうしたらいいか、といった意識で議題を明確にしていくのです。順番は「悪い部署からいい部署へ」、「元気な部署から大人しい部署へ」等、いろいろなパターンを試していい流れになる方法を探してください。

②議題になった問題の原因を議論する

これまで私が顧問先で参加させていただいた会議で、「原因の議論」、私はよく要因分析というい方をしますが、そうした分析ができていた会社はありませんでした。第7章で詳しく取り上げますが、たとえばAセクションの数値が悪いときに、マーケット全体の動きは？　ユーザーの動きは？　なぜ数値が届かないのか？　等を議論します。その部署の責任追及が目的ではなく、売れるようにするための問題探索です。

この時、決して個人を責任追及してはいけません。「A課長の気合いが足りない」といった要因はありえません。担当者を詰める時間があれば、原因を探しましょう。「B君の成績が悪いのが原因だ」なんていうのもありえません。B君の成績がなぜ悪いのでしょう。営業方法？　競合先？　一緒に原因を探していきます。

要因分析はぜひ出席メンバー全員で行ってください。他人事ではありません。一緒に探すことでマーケットの動きや自社の状況がより理解しやすくなります。

ある小売りチェーン店の店長会議に初めて出席したところ、社長がA店の店長に「○○さん、なんで売れないんですか、Z製品をもっと売れといったのに。なんで店頭にもっと並べないんですか。あれほど言ったのに。なぜ言うことを聞かないんですか。だいたいあなたはいつもそうやって、のらりくらりしているから売上が上がらないんですよ。もっとしっかりしなさい。気合いを入れなさい！」と檄を飛ばしていたのですが、一体なにが要因で売れないのか、なぜZ製品を置かないのかの理由はわからず、なにを改善するのかもわかりませんでした。

この会議では同じような社長の主張が延々と続き、会議は終了しました。

マーケット：市場、当社の製品を購入してくれている卸売り、小売り、エンドユーザーの購買層。マーケットの動きはとても重要、かつ日々変動している。この変動する要因として、気候、人口、競合先、新製品等多くがあり、その動きには注視する必要がある。

実は、私がその後でＡ店の店長にこっそり聞いたところ、「自分のエリアの客層から考えてＺ製品を大展開したところで売れるわけがないんですよ」とのこと。結局、社長の指示自体が的外れだったわけです。

この会社は、社長がしゃしゃり出て個人攻撃を行う典型的な会社でした。個人攻撃をしても何も生まれません。何が要因なのか、どうすればいいのかを一緒に考えてあげてください。

我々のような外部コンサルタントを会議に入れるのも一つでしょう。

もし、いつまでも改善課題が出ない会議に終始するようであれば、会議のやり方を見直す必要がありそうです。

また製造であれば原価の中身や、原材料費率がなぜ高くなってしまったのか、なぜ労務費が下がっているのか、経費のうち、なぜ水光熱費がオーバーなのか等を議論します。

工場で1品のみを生産しているところはほとんどなく、だいたいは複数の製品を生産しています。この複数製品の生産に対して材料比率がなぜ高くなっているのか、あるいは低かったのかを議論できるようにしましょう。

利益が出ない工場の場合、「なぜ原材料費率が予算30％に対し32％なのでしょう」との問いに「たくさん使ったからじゃないでしょうか」という答え、普通に返ってきます。

あとは「うちは多くの製品を作っているので、どの製品をどれだけ作っているのかわかりませんよ」なんてお話もありました。

つまり、材料は使い放題、捨て放題なのです。

ある工場での検品工程を拝見したとき、流れてくる製品が検品後に同じような高さの二つの山になっていました。社長に「どちらの山が合格ですか」と聞いたら「こちらの山が合格ですね。今日は少し不合格が多いですね」と涼しい顔をしていました。

検品工程までの生産の手間！　コストをかけてゴミを作っているようなものです。

結局、その会社、今はもうありません。

生産の中で、なぜ原材料が多いのか、なぜ労務費が高いのか、なぜ経費が多いのかを一つひとつ検討して、削減していきましょう。

ポイント

会議で個人攻撃はＮＧ！　みんなで要因を分析しよう

対応策を議論する

原因が抽出できたら、次は対応策を議論します。

営業のパートでも説明しましたが、営業であれば自社が販売量を落とし、予算未達になる多くの要因は、

- **競合先**
- **相手方との人間関係（異動も含む）**
- **競合先の新製品**
- **マーケット需要の変化**

です。

もし競合が低価格戦略で押してきているのであれば、自社はどうやって防戦するのか？　を考えるのです。

事例を紹介します。ある企業で、退社した営業マンが移籍先で退社した会社の得意先に以前と同様の製品を低価格で販売し、一定のシェアを獲得しました。その会社はその事実に気づかず、気がついたときには多くの得意先でシェアが食われていました。退社した営業マンは、その企業と得意先の取引価格を理解しており、また、その企業の営業マンの癖も熟知していたので、自社よりも安く、しかも素早い対応でシェアを確保されてしまいました。

そこで対抗策として、移籍先で販売された製品をさらに値下げする、長年培ってきた人的関係を駆使して取引の維持を図る等の手を打ちました。

しかし、いったん競合先にシェアを取られると、そこを挽回するのには大変な労力が必要で、また、完全に取り戻すのは困難です。

その企業は対抗策を打つ必要に迫られ、何とか従来に近いシェア、販売額を回復できましたが、価格引き下げに対応せざるを得なくなり、利益を落とす結果になりました。重要取引先の状況確認を怠り、他社の侵入を許したせいで生じた問題です。

同様の事例は各社で発生しています。

よく、売上や利益を落としている企業で話を聞くと、取引先には訪問しているが、全く相手方の状況のヒアリングはしておらず、御用聞きのみに終始している場合が大半です。

売上減少の理由は「注文がたまたま来ないから」との認識で、6ヶ月後に気付いたら競合先にシェアを食われていた……というのはよくある話です。

なお、製造であれば、会議では原材料の棚卸から議論を始めることが多いです。材料のABC分析を行い、A区分の在庫の棚卸を行うためにどうするか、といった議論を行います。

棚卸をする場合、「場所がありません」とはよく聞くセリフですが、場所は作るもの、工夫するもの。場所がふんだんにある工場の方が少ないです。整理、整頓から始めて、材料の置き方、仕掛品の置き方、製品の格納の方法を議論していきます。

ある企業では、在庫管理のために倉庫整理を行ったところ、それだけで原価率が▲3％削減できました。

仕入製品を仕入担当3人で管理していたのですが、手管理であったため、各製品の製品名、仕入価格がバラバラで、A担当は「80円で仕入れて100円で売っている」

と思っていた製品が実は、110円で仕入れて130円で売っていた製品だったのです。つまり実際は110円で仕入れて100円で売っていました。

これも、棚卸を行うために製品マスターを整備することで、このような逆ザヤ製品が多く修正され、結果▲3％の原価率削減ができたのです。

ポイント

対策をきちんと決めないといつの間にか手遅れになるリスクも！

対応策を決定する

さて、対応策の決定にあたっては、その会議の場にいるメンバーの英知を集めて作戦を立案、決定します。

作戦の決定は必ず行ってください。作戦のない戦いは必ず負けます。

営業であれば前述のように価格、人間関係、新製品等に関する何らかの対応を検討し、決定します。

製造であれば「原材料の棚卸を行うために材料のＡＢＣ分析をしよう」でもいいですし、「Ａ品目の在庫の置き場をこうしよう」、「倉庫の整理をこうしよう」でもいいのです。とにかく実施項目はいくつもあるので、一つひとつ取り組んでいくことです。

利益を上げられない企業の多くは、この改善の継続ができません。改善項目が何百とあり、終わることはありませんが、とにかく一つひとつ取り組んで改善していくのです。

したがって、会議は定期的に行う必要があります。定例会議がいつなのか決まっていない会社は、やはりそれなりの成績になってしまいます。

毎日、週1、月1、朝、昼、夜……いろいろな時間、方法、頻度があると思います。

私がしっかりやっているなと思った会社では、

- **毎日：朝15分ミーティング⇩昨日の結果発表、今日の行動確認、注意事項の伝達**
- **金曜夕方：各営業部門個別会議⇩各部門で発生した各担当の問題、要因、**

対応策の議論

・月初の第一水曜：営業会議⇩各部門の状況、未達、超過要因の方向、議論、
対応策の決定

といったように会議を運用しており、各部門責任者も予算達成のために問題点の抽出、対応策の議論、決定をしっかり行っています。

営業でいえば、A社の売上が大幅未達。要因はA社が競合先に食われていることでの販売不振。対策としてA社への販売協力、競合先へのアプローチを行うことで自社の売上達成を目指す、等です。

製造部門がうまく回っている例では、時間当たりの生産数量を日報で記載して、作業終了後に15分、なぜ生産に時間がかかったのかを確認しています。

生産現場は改善項目が多くなるので、どこから着手するかは月次会議で社長を交えて議論します。現場の議論は毎日の15分の会議で今日の生産状況の課題（格納場所がいっぱいで場所の確保に〇〇分を要した、など）等の報告及び対応策の決定と、金曜夕方には製造部門会議（問題、要因、対応策の議論）を行っています。

店舗ビジネスの成功企業では、日次販売状況の集計を店舗責任者が行い、1日の来店客の動きを再度検証して、週一の店舗ミーティングに反映しています。店舗ミーティングでは1週間の状況の報告、未達事項の対応策の決定などを行っています。

会議はつらいものではありません。予算、目標を達成するためにみんなで考え、作戦を決める場所です。みんなが一緒に考えてくれるのです。確かに慣れないと他部門、他者から非難されているように感じます。特に原因を探っているときはできていないことを掘り下げられます。「なぜA社の取引額が未達なの？　なぜ昨年売れていたものが売れないのだろう？　なぜ他社では売れるのにA社には売れないのだろう？」……言い方もありますので、このあたりは各リーダーの方も、進行役の方も、発言者も注意しましょう。

ポイント

会議はみんなで作戦を考える場！
自分ができていなくても恥じることはない

会議に使う資料を作るコツ

会議の資料は作成にコツがあります。これまで見てきたように、なすべきことは状況・要因分析、作戦立案、決定なので、その内容が資料になっていれば大丈夫です。ただ、膨大な資料は不要です。できれば1枚でまとめられるといいです。通常は状況と要因分析ができる資料1枚と作戦、結果がわかる資料1枚が理想です。

資料はあくまで、予算（目標）を基準に作ります。営業部門であれば月次予算と実績、取引先別予算（目標）、販売数量、単価はよく議論されるテーマです。製造部門であれば月次予算と実績、製品ごと、工程ごとの製造量、各指標が議論になります。

次ページに営業部門の会議資料の例を示すので参考にしてください。

営業部門○月予実表

区分	担当者	取引先名	予算	実績	差異
A	S課長	○○産業	25	20	▲5
A	S課長	○×商事	20	22	2
A	K次長	△○社	15	18	3
A	K次長	×△社	10	7	▲3
小計			70	67	▲3
B	K次長	いろいろ商事	5	6	1
B	K次長	あいあい社	4	3	▲1
B	S課長	ウシウシ観光	4	3	▲1
B	S課長	△□商事	3	4	1
B	K次長	□○社	2	2	0
B	G主任	kkk 商事	1	1	0
B	W担当	AK 商事	1	1	0
小計			20	20	0
C	G主任	×△産業	1	0	▲1
C	G主任	○×商会	1	0	▲1
C	K次長	△△社	1	0	▲1
C	K次長	×△販売	1	5	4
C	K次長	いろいろ販売	1	2	1
C	K次長	あいあい商店	1	0	▲1
C	G主任	ウシウシ販売	0.8	1	0
C	W担当	△□商社	0.8	0	▲1
C	W担当	□□商事	0.7	0	▲1
C	W担当	ＧＧ商事	0.5	0.2	▲0
C	W担当	ＶＨ商事	0.4	0.1	▲0
C	W担当	ＪＤ社	0.3	0.1	▲0
C	W担当	FG 社	0.3	0.1	▲0
C	W担当	いろは産業	0.2	0	▲0
小計			10	8.5	▲1
合計			100	95.5	▲4

第７章

営業スタイルを正して売上を伸ばす

売上を増やすのは不可能ではない！

これまでコンサルティングに入った企業で、売上の伸びない企業はありませんでした。

しかし、そのように言うと「外部環境は、年々厳しくなっているんだ。そんなに簡単に売上は伸びないよ」と叱られます。確かに皆さん、厳しい中で奮闘されています。金融機関の方や、他の専門家の方でさえ、売上は水物だから経費削減で利益を出せ、とおっしゃいます。確かに原価削減、経費削減も取り組むべき課題ですが、売上増加も大きな課題です。

ここでもう一段、売上獲得の方法を検討しませんか。

売上増のための方策として、まずは既存取引先のリストを作成しましょう。取引先に対する取り組みが進化するとリストも進化しますが、手始めには次ページの例の程度で構いません。品目までわからなければ、売上高だけで結構です。

このリストができたら、年間予算を入れましょう。

取引先一覧

No	取引先名	品目	単価	年間売上額

各取引先に求める予算を作成しているところは多いですが、少し目標が高すぎるな、と感じることがままあります。前年比110%や120%計画になっていたりするのです。

社長からは「このくらいの目標にしないと、いけないから」という発言をよく聞きます。何がいけないのかはわかりませんが。そして、実績では計画達成率80%、前年対比95%なんてこともよく目にします。

とにかく売上は2%増加の102%で結構です。前年対比102%、できないはずありませんよね。

もっと言えば既存先は100%として、

新規先、休眠先で2％作るだけでいいのです。

よく売れる新製品の発売、新市場の開拓で大きく売上が伸びている場合は120％、150％の目標予算もないわけではありません。

ただ、本書を手にされる会社の多くはそんなフェーズではなく、売上が伸びずに苦しんでいるのではないでしょうか。

売上が伸びないのに前年対比120％の予算を組んでも、現場は最初から諦めてしまいます。できそうもない目標は各メンバーのやる気を削いでしまいます。

少し頑張れば届きそうな目標であれば取り組みやすくなるでしょう。

ポイント

高すぎる予算を設定しても現場が最初から諦めてしまう！

取引先を分類すれば改善すべきポイントが見えてくる

私がよく、コンサルティングの際にお見せする表（次ページ）があります。

A　自社との取引額が大きく、相手の規模も大きい先
B　自社との取引額は大きいが、相手の規模が小さい先
C　自社との取引額が小さく、相手の規模も小さい先
X　自社との取引額は小さいが、相手の規模が大きい先
Z　相手の規模は大きいが、まだ取引のないところ

取引先をこの区分に沿って分けてみましょう。
A、B、C、X、Z。それぞれに対する戦略、違いますよね。
たとえばA。取引規模が大きい大事な取引先です。当然日々、その動向には目を光らせていますよね。そして、他社はどのような動きをしているのか、新規競合先が入り込んできていないか等を探り、とにかく頑張る営業担当者を送り込んでいることでしょう。

しかし、意外に肝心なことをやっていないのです。

Aに対する目標予算110％だけがあり、とにかく頑張って達成を目指す。どうやって？　どうやって前年比10％も増加させるのですか？　新製品？　他社シェア奪還？　その作戦は？　その製品は？

新製品もなく、自社及び他社のシェアもわからず、どうやって10％増加させるのでしょう。Aは規模も大きく他社のシェアを分けてくれません。新製品も毎年はヒットしません。ですからAで10％も増加させる作戦はなかなか無いのです。

Bはそもそも当社のシェアが高いところです。相手の売上が毎年増加していればそれにつられて増加が期待できます。でも相手次第ですし、成熟した市場ではなかなか伸びが期待

		当社との取引額		
		無し	小	大
相手の規模	大	Z	X	A
	小	ー	C	B

できません。

したがって、売上増加の対象としてはXとZがターゲットになります。X、Zは規模が大きいけれどまだ取引額が小さい、またはない先です。攻める作戦は検討できるでしょう。

「いやー、過去、やったけどだめですよ」という言葉、よく聞きます。

それってていつごろですか？　どこに対してですか？　その時のリストはありますか？

「えーっと6年ほど前かな、SとRで……リストはないけど」

御社の取引先って全国に5社程度しかないのでしょうか。

確かに非常に小さいマーケットで取引している企業はあります。その地域にそこしかない企業もあります。ただ、ほとんどの会社は、多くの企業と取引できる可能性があります。しかし取り組んでいないのが実態なのです。

であれば、まずリストを作成してみてください。特にX、Zにあたる会社は、50社程度は出てくるのではないでしょうか。そこに食い込む作戦を検討していきましょう。

A、Bは相手の売上が伸びないのであれば前年対比101％（100％だと何もしないと受け取られるおそれがあります）、X、Zで2％程度を稼ぐ作戦はいかがでしょうか。

このリストを作成すると、営業の動きも変わります。BとCに毎週のように行っていた営業マンがXに行くようになったりするのです。

営業部長の作戦立案にも変化が見えるようになると、しめたものです。訪問先がなくて喫茶店で時間を潰していた営業の動きが変わります。だってCにいくら行ったところで外出の理由にならなくなりますから。

また製造、卸、小売りにもそれぞれ作戦があります。誰に販売するのか、どうやって販売するのかの作戦はまだまだ立案、実行できるのではないでしょうか。

間違った営業スタイルを矯正しよう

営業しようなどというと「そんなことは、やってます」と言われてしまうかもしれません。私も営業コンサルではないので、細かい手法は専門書に委ねます。

しかし、これまで各社に関与した感想としては、率直に「売ってないなあ」です。製造業、卸売業、小売業、サービス業……どの業種でもしっかりと売っている会社はまだ見ていません。しっかりと取引先の状況、マーケットの動きを確認し、方策を検討し、実施している企業はありませんでした。

これまで聞いてきた、営業の方の売らない抗弁は以下のようなものです。


「製造が作れないと思うから売らない」

「当社の製品は出来が悪い」

「当社の製品は高い」

「当社の製品は喜ばれない」

「当社の製品は売れない」

「少子化の中で市場は右肩下がりで、売れるわけがない」

自社製品の悪口、マーケットの悪口、社長の悪口……いろいろな売れない理由を聞きました。


この言い訳、学校の生徒の言い訳にするとわかりやすいのですが、

「勉強の時間がないから勉強しない」

「僕は頭が悪い」

「先生の教え方が悪いから」

「僕が勉強できてもなんの意味もない」

「年々、問題が難しくなる中、成績が上がるわけない」

理由はどちらも似たりよったり。しかも全く理由になっていないとわかるでしょう。


よくあるパターンは営業が取引先に行って、「案件ありませんか？」と聞いて「今、ないよ、また来て」と言われて終わり。または「先日の案件、こんな条件で10日納品でいかがでしょう」「あと1日早くして」「では社内で検討します」などという会話。これって極端に言えば誰にでもできる会話です。私が多くの営業について、受注、納品業務しかできていない、もっと伸ばせると思うのはこのためです。

売上を伸ばしたい、営業すべき、売り込むべき時に必要なのは、何をどこにどうやって売るかを検討、実施することです。

A、B、C、X、Zの中で売上を伸ばせるのはどこか。自社の製品で狙えるのはどこか。A、Bの中で攻められる未開拓分野があれば、そこを攻める。Xの中で他社が弱くなっているところはないのか。Zの中での人事異動で攻め口はないのか。

それらを考えるのです。

そのためには自社製品の強み、弱み、マーケットの状況を頭に置きながら、日々作戦を検討、実施すべきです。

作戦の検討、実施はできるだけ営業部門会議で行っていきましょう。社長は、はじめのうちは議論が進むようにリードしていただけたらいいと思います。ゆくゆくは営業責任者が会議全体をリードできるようにサポートしてください。

この部分の解説は、第5章の予実管理のパートも読み返していただければと思います。

ポイント

重点的に攻めるべきポイントを会議で抽出しよう！

営業日報を活用しよう

これまでコンサルティングに入った会社で、営業日報を作成している会社はごく少数でした。くわえて、戦略的に活用できている会社はありませんでした。

これまで述べてきたように、取引先それぞれに対する作戦があります。攻略方法が違うのです。そのために、それぞれの取引先で何が発生しているのかはとても重要な情報です。

戦争で勝つために斥候を出し、状況を確認するのと同じです。偵察の出来、不出来が日々の勝敗を分けます。

この日々の情報を汲み上げるツールの一つが営業日報なのです。

Aの社内で何が起こっているのか。自社製品の販売状況はどうか。人事に動きはないか。新規出店はないか。新製品の販売はないか、等々。

営業責任者が各取引先の情報を集めるために、営業マン一人ひとりから毎日報告会を聞き、口頭で情報を集めるのは、あまり感心しません。報告会は一人が報告している間、他のメンバーが手空きになりがちです。メンバー全員の報告会は週一ぐらいがいいでしょう。

毎日の情報収集には営業日報が最適です。昨今では、営業ツールとして、いろいろな日報形式の報告書ができています。私としてはＧｏｏｇｌｅのスプレッドシートをお勧めします。音声入力ができるので移動時間の入力も可能で、営業内部で簡単に共有できます。

営業日報には日時、相手先、先方面談者、商談内容を記載すればよく、取引先ごとにソートをかければ、前回、前々回の商談がどのように推移しているかわかります。

営業責任者はメンバーの記載にわからないところがあれば、都度確認して追記していただけたらと思います。

日報には、たとえば１５７ページのように記載します。

取引先でソートをかければ、これまでの取引状況が一目瞭然です。

１日、せいぜい5~10社の訪問であれば、商談内容も長く記載する必要はありません。１社１、２分で、合計10~20分程度の作業です。それだけで営業責任者、後任者、営業部内での情報共有ができたら、十分です。

各社の動きが見えるようになってきたら、それぞれの会社に対する販売方法を検討します。

私がいろいろな会社と一緒に売上を検討する際、あまりにも営業をしていない、営業情報を集めていないケースに遭遇します。


「売上が昨対で5%減少している要因は?」

「A社の売上が20%減少したためです」

「なぜ20%減少したのですか?」

「たぶん、当社製品が売れなくなったからです」

「なぜ売れなくなったのですか?」

「よくわからないですが、B社が頑張っているので」

「なぜB社が頑張っているのですか? なぜB社が伸びているのですか?」

「たぶん、昨年出した新製品Sが好調なんだと思います」

「なぜ新製品Sが好調なんですか?」

営業日報

日付		時間			相手先名	区分	場所	先方面談者	商談結果
10月5日	月	10:00	～	10:30	F社	B	先方本社	池田次長	新製品Aの売り込み：プレゼンするもあまり興味ない。価格高い。　売れそうにないとのこと
10月5日	月	11:00	～	11:30	A商事	A	先方本社	井上課長	新製品Aの売り込み：プレゼンするもあまり興味ない。価格高い。　売れそうにないとのこと
10月5日	月	13:00	～	14:00	Sホームセンター	C	先方本社	高木担当	新製品Aの売り込み：プレゼンしたところ興味あり。価格はこんなものか。　静岡店に置けるように内部検討するとのこと
10月5日	月	14:30	～	15:00	O販売	B	埼玉営業所	大下バイヤー	新製品Aの売り込み：プレゼンするもあまり興味ない。価格高い。　O社販売先は若年層中心のため、本件高齢層には売れそうにないとのこと
10月5日	月	15:30	～	16:00	S販売商事	X	大宮支社	吉田課長	2度目の訪問。山田社長の紹介で話は聞いてくれるが、競合先RとV、UOとの取引で他を入れるのは難しいとのこと。それぞれは取引内容は別途報告。どうやって切り込むか。先方、新たにZ技研との取引を始めたとのこと。
10月5日	月	16:30	～	17:00	W販売	C	本社	小宮次長	新製品Aの売り込み：プレゼンしたところ興味あり。価格は異論なし。　中高年層に対する製品としては可能性あり。検討する。
10月12日	月	13:00	～	13:30	A商事	A	先方本社	井上課長	新製品Aの売り込み：価格再提示。　多少は違うがまだあまり乗ってこない。　どうもやる気を失っている様子。
10月15日	木	13:00	～	13:20	Sホームセンター	C	先方本社	高木担当	新製品Aの売り込み：静岡店へのテスト、見送りに。内部検討の結果、あまり販売期待できないとのこと。

「おそらく、当社の製品よりも性能がいいからでしょう」

「なぜB社だけ新製品Sが好調なんですか？　他でも競合しているのに」

「……」

実は、先方バイヤーの交代を機に、B社がトップセールスその他の戦略で強力に販売強化をしていたことが後で判明。といった事態、フィクションの世界だけではありません。

相手企業が小さく、取引も小さい先であればまだしも、大口取引先についてこのような会話はおかしくないでしょうか。A社の売上が減少し、自社の全体売上が5％も下がったのは、B社の強力な営業によるものだったなんて。


しかし、多くの会社ではこの手の会話が日常茶飯事なのです。

確かに営業責任者、営業のメンバーは日々の受注・納期管理のみで、取引先の情報を取りつついかに売るかなどは考えなくてよい環境にいては、いきなりできるようにはなりません。

しかし、相手の情報を取りつつ、どうやって売り込むかを検討する方法はなんとなくご理解いただけたのではないでしょうか。孫子も「彼を知り己を知れば百戦殆からず」と言っています。

営業方法についても、いろいろな手法があります。情報を取らず、作戦を立てずに勝てる戦はありません。たまたま勝っても、どこかで必ず負けます。

そうならないように、各取引先に対する取り組み方法を検討して、作戦を立案し実践していきましょう。取り組み方法はいろいろありますが、これまでのように受注対応のみでは売上は減少していきます。

また、飲食業でも売上を上げる方法、取り組める手段は多くあると思います。たとえばあるレストランでは、前月の売上は見ていましたが、モーニング、ランチ、スロータイム、ディナーに分けてのチェックはしていませんでした。また、それぞれの時間帯の客数も取っていませんでした（意外に取っていないところが多いです）。

そこで、まず、それぞれの時間帯に分けて売上をカウントし、来店客数もカウントしました。

時間別売上と客数がわかると、客単価がわかります。そこから客数、客単価をそれぞれどのように上げていくのかの作戦を検討できるようになりました。

たとえば、モーニングの客数、客単価、どちらを上げる？　客単価は難しいから客数にしよう。客数については、今月は派手なのぼり看板を設置して、ランチを呼び込もう！　などとやるわけです。

すると、翌月にはその成果が見えます。のぼり看板を設置したけど、効果は見えない。失敗みたい！　等々。そこから、なぜ失敗したのか、次は何をすれば？　という議論になります。

このように、いろいろな作戦を実行していくことで、結果、売上前年比＋１３０％達成！　となる場合もあるのです。

ポイント

売れる営業には作戦が必要！

第8章

製造現場に指示して原価を下げる

原価は3%削減を目指そう

本章では、原価削減について解説します。原価を引き下げようというと「うちは頑張って下げている。これ以上は無理だ」というお話をよく聞きますが、決して無理ではありません。まだまだできます。

一般的な製造業の原価は、

①材料費
②人件費
③経費

で構成されています。卸売業、小売業の場合は仕入れ額だけの場合もあります。サービス業の場合も会社によって異なるでしょう。ただ、大半の会社には原価があります。

この各原価の中身を見て、その削減に取り組んでいきます。一般メーカーの場合、各項目それぞれについて削減に取り組んでいきます。

仕入れ品一覧

No.	仕入れ先名	品目	単価	年間購入額

まず材料費です。

材料費は原料、包材が中心になるでしょう。「何をどの程度仕入れていますか？」この質問をして、しっかりと管理され、数値を答えられる会社はまだ見たことがありません。

中小企業では、専任の購買担当者がいて、日々仕入れ品の削減に取り組んでいる会社もありません。現場が必要に応じて購入している場合が多いでしょう。

「現場が必要な分を必要なだけ購入する」「仕入先は長年の取引先で価格はいっぱい頑張ってくれているはず」という声をよく聞きます。しかし本当にそうでしょうか。まず、仕入れ品のリストを作成するところからやってみましょう。何を買っているのかの一覧表です。材料編と包材編とに分けた方がわかりやすいでしょう。

この表を作成したら、次に金額の大きいものから並び替えましょう。取引先名と品目別です。

以前に述べたパレートの法則（ＡＢＣ分析）では、上位20％の品目で80％の金額をカバーすると言われています。この上位20％をターゲットとして上から削減方法を検討します。

たとえば、一番多く仕入れている会社に対して仕入単価の引き下げ交渉の余地がないかを検討します。

よく現場で「この会社は一番仕入れているので、仕入価格を引き下げてもらいましょう」と言うと、「いえ、今までさんざんやってきました。ここが一番安いです」と言われます。

そこで、私が「いつ、価格引き下げ交渉をしましたか?」と聞くと、「えーっと、いつだったかな、最近ではそう、4、5年前ですよ」「なぜ最近はしていないのですか?もう無理ですか?　ほかにもっと協力してくれるところはないですか?」「ないと思いますよ、他にはありませんよ」「まあ、とにかく探してみましょうよ」「難しいと思いますがやりますか」という会話になるのが日常茶飯事です。

しかし、考えてみてください。あなたの会社が販売する製品は、販売先一律統一価格で販売していますか？　Ａ社は１００円、Ｂ社は95円、Ｃ社は１０２円といったように、得意先によって販売価格が違っていませんか？　御社の仕入れ先も同じで、御社に一番安い価格で販売しているとは限りません。

また、他の仕入先探しに取り組むこと、できますよね。営業のところでも説明しましたが、新規先の確保はしないといけないし、大変な労力がかかるものなのです。新規先を確保するのに苦労しているところに、新規先から「○○品の仕入が必要で今１００円で入れているのですが、御社で安くなりませんか？　見積もり頂けませんか？」という話が降ってくるのです。「じゃあ95円で！」と、見積もりを出したくなりませんか？

今の仕入先に引き下げ交渉をする、他の仕入先を探す、見積もりを取る、場合によっては一部切り替えを行って仕入価格を引き下げするのも不可能ではありませんよね。

もちろん、全品目一律５％引き下げ達成！　なんてケースはなかなかないので安心してください。しかし、この引き下げ作業に日々取り組むのです。仕入れ品目の上位

20%を一巡するのを1年程度でできれば、たいしたものです。

確かに価格交渉は辛いですよね。仕入れの場合は引き下げ交渉ですが辛いです。なぜかって？　それは相手が苦しい顔をしますから。

「○○円引き下げお願いできないだろうか？」に対してニコニコしながら「はい、わかりました。すぐにやらせていただきます」なんて、決してありませんから。そんなことをしたら当社は生きていけないとか、賞与も払えなくなるとか、それならもう納入できなくなる等、いろいろ面倒な交渉になります。

既存の仕入れ先に対する価格交渉は辛い作業なので、できればトップ、役員が行うようにしてください。なぜ価格改定が必要なのかをよく説明してください。

また、お願いはぜひ文章にしてお渡しください。文章で丁寧に、なぜ引き下げをお願いするのか、お願いする内容、お願いする文言を入れて出してあげてください。添付資料も業界ニュースや新聞の切り抜き等を盛り込み、相手に「なるほど、それでは仕方ないね」と、納得、ご理解いただけるようにしましょう。

社長名で相手の社長宛てに出した文章は担当者で止まることはありません。

中小企業の場合は相手の社長に文書と共に相談されるでしょう。担当者から「○○

仕入れ品一覧

No.	仕入れ先名	品目	仕入単価	標準売価	標準利益	年間購入額

から価格〇円引き下げを言ってきていますが一応断っています。「困ったものです」という伝達を後日、口頭で社長が聞くのと、文章で丁寧に引き下げの理由やその事情、内容を明示した文章を社長が読むのとでは、相手のとらえ方が異なります。

それでもなかなか成功はしませんが、取り組んでいきましょう。時間はかかりますが成果は出るものです。

大きい会社が相手であれば、外部環境資料、客観的な資料は多めに添えてあげるといいです。相手の稟議起案のお手伝いになります。

また、卸売り、小売りの場合は仕入品目リストを整備しましょう。何をいくらで仕入れているか、標準売価はいくらか、利益率は何％かを見えるようにしてください。

この場合もＡＢＣ分析を行い、上位20％の品目の仕入価格改定に着手します。必ず方法は見つかります。

リストラせずに人件費を下げる方法

人件費を下げるというと、リストラを想像する方がいます。

リストラは基本考えません。企業経営、特に中小企業の場合、人材が豊富ではないからです。赤紙一つで兵隊は集まりません。今まで大切に育成してきた社員をそんなに簡単に手放してしまって、後で新しい人材を育成しようとしてもなかなかできません。

ここで「人件費を下げる」というのは、売上の中に占める人件費、つまり人件費率をいかに下げるかを検討しましょう、という意味です。

原価の中に入っている人件費は主に工場労働者の人件費です。人件費を下げるには、生産時間を減らす方法があります。

生産効率という言葉をご存知でしょうか。1時間で10個の製品を作っているとします。一人当たりの時間給与が2000円だとすると、1個当たりの人件費は200円(2000円÷10個)です。この1時間10個を20個作れるようにすると、2000円÷20個で1個当たりの人件費は100円になります。

つまり、1個当たりの人件費は100円も下がりました。1時間に10個の生産性を改善して20個作成できるようにすることを「生産性を上げる」といいます。

作業の中では、作業する前に材料を運んでくる時間、作ったものを移動させる時間、保管場所に移動する時間、探し物をする時間等、多くの時間を使っています。生産作業を行っている時間、それ以外の運搬、探し物作業時間、それぞれに時間削減の方法はあるのではないでしょうか。

1時間当たり10個の「1時間」は、それら生産、運搬、探し物等その他の作業の集大成です。1時間のうち、直接機械等を操作して作業している時間が20分で、その他の作業時間が40分の場合、それぞれの作業時間の中身はどうなっているのでしょうか。

それぞれの作業時間の中身がわかっていて、縮小に日々取り組んでいる会社は優秀な会社です。今まで関与した会社で、すでにこの生産効率の改善がなされている会社はありませんでした。

その他の作業だけに着目しても、多くの改善項目があります。

ある会社では、調べてみたら作業工具を探すだけで1日15分／人程度かかっていました。30人×15分×250日＝年間1875時間です。

一人の人員が8時間250日働くと2000時間ですから、作業工具を探す時間を削るだけで、ほぼ一人の人件費が削減できます。それだけ、まだまだ無駄な動きが多いということなのです。

作業工具を探さずに、一目で手にする方法は？　それは専門書に山ほど書いてあります。地元の図書館(できれば県立図書館や大学の図書館などがおすすめです)に行って探してみてください。

他にも、

・**運搬を短時間にしつつ、楽にする方法は？**

・材料を集めるのを手早く楽にする方法は？
・何がどこにあるか、わかりやすくする方法は？

など、できることはたくさんあります。別に新しく設備を購入しなくても、知恵を使えばできることはたくさんあるのです。

では、具体的には何に取り組めばよいのでしょうか。

方法としては、

①その他の作業時間を把握する

機械作動時間のカウントができると、全作業時間から差し引けばその他の作業時間が出ます。機械が作動している時間はカウントしやすいので、計測して全作業時間から差し引いてください。

②各作業時間の詳細を検討する

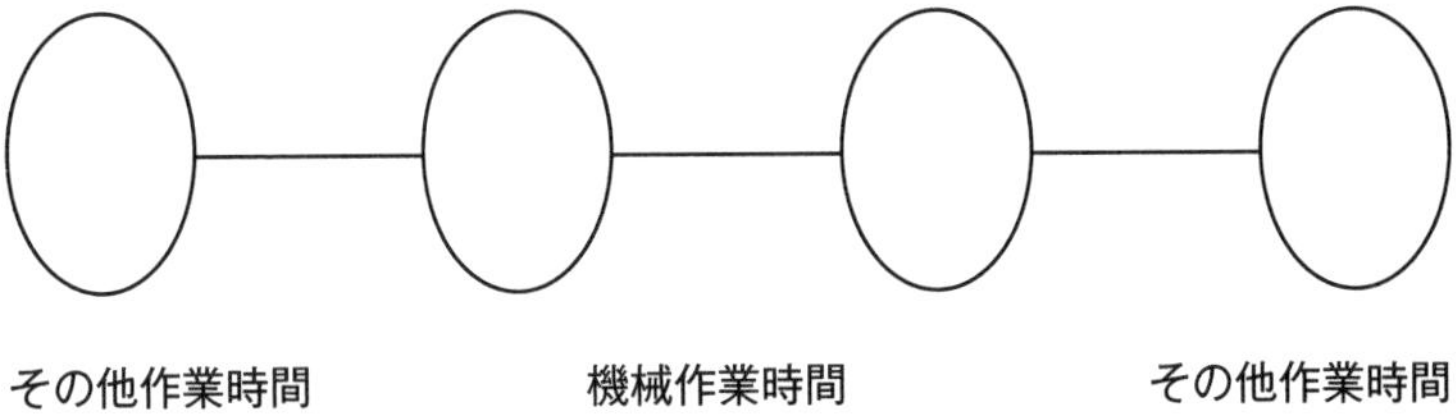

次にその他の作業時間の中で、大きいと思われる時間の見当をつけ、たとえば準備時間、運搬時間などとカウントしてください。

準備作業に15分／人かかっているとしたら、それをどうしたら削減できるかを考えましょう。

責任者の方の目標として、まずは1分の削減とした場合、1／15分＝6・6％の改善になります。こうした積み上げを行うのです。難しい話ではありませんよね。

機械作動時間も、同様に削減方法を検討します。

まず、作業時間の中で大きな作業は何か、どうやったら作業時間が下がるかを検討します。

この部分は現場の方で検討するのがいいと思います。1本ずつ切削していたものを2本一緒に切削する、ライン作業を行うなど方法はいろいろあります。

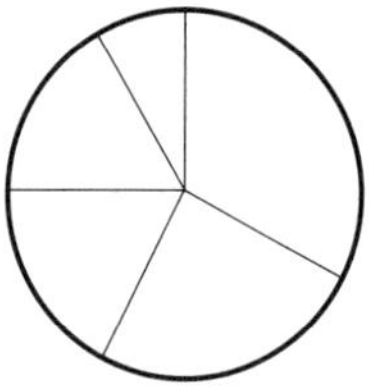

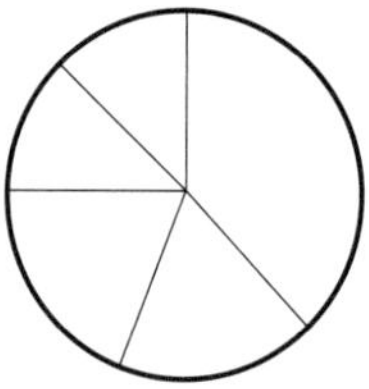

10％、20％の効率化はいりません。3％～5％程度でいいのです。100本／h切っていたのを105本／hにする程度でいいのです。

特に作業は安全第一ですから、むやみに生産性を上げると安全面がおろそかになる危険性があります。安全面を十分に考慮しながら生産性を上げていってください。

ポイント

作業にかかる時間を細かく割り出せば、削減のポイントが見える

工夫次第で経費も削減できる

経費も削減可能です。ぜひ取り組んでみてください。まず、経費項目の中で大きい費目から並べてみましょう。

よくあるのが水道光熱費、修繕費です。減価償却費は削減対象ではありませんのでそのままで結構です。

次に、水道光熱費の削減方法を検討しましょう。ある会社では、地元電力会社の協力で1時間ごとの使用電力を表にしてもらいました。当然デマンドは行っていたのですが、次の策として昼の交代休養時間を一斉休養に切り替えました。交代休養により、ボイラー、エアコン、モーター類がアイドリングしたままだったのですが、一斉1時間休養によりストップすることができ、綺麗に1時間の電力費が下がりました。9時間（休養時間も稼働）動いていたものが、1時間削減できたので11％（1時間÷9時間）の削減ができました。

取り組んでいるつもりでも、意外と全社員で取り組めていないケースが多いものです。また修繕費も何にいくら使ったのか？　その修理は必要だったか？　価格が妥当だったか？　のチェックを、役員または担当役員で行ってください。担当役員などとカッコよく言っていますが、20人の会社で担当役員は奥様、なんてこともあります。

しかし、現場が勝手に発注するのではなく、担当役員の客観的視点でその修理の発生原因と修理代の妥当性を検討するだけで、現場にはコスト意識が芽生えます。口で「コスト意識を持て」と言わなくても「この修理の価格は妥当なんだろうか、他でもっと安くならないんだろうか」などと問うだけで現場の意識は変わります。同様に経費の削減もその中身をチェックするだけで可能になってきます。

また、組織のところで述べましたが、責任者を明確にしてください。原価の責任者は誰？　修理費用の責任者は誰？　その責任者に内容を確認するだけで、担当者（役員、現場責任者）はコスト削減に動いてくれます。

ポイント

絶対下がらないと思っていた経費も下がる場合がある！

棚卸をしよう

棚卸資産は経営のうえでとても大切な管理対象資産です。

しかし、棚卸をしっかりやっている企業は少数です。私が「棚卸はどうやっていますか」と聞くと、「決算の時には社員総出でやっていますが、それ以外はいじっていません」という企業が多いです。

棚卸資産は、原価及び資金繰りを考えるうえでとても大切な資産になります。原価の中の材料費は表のように前月棚卸残高に当月仕入れを加え、当月末棚卸残高を差し引いた金額が当月材料費になります。仕掛品、完成品の在庫も同様です。

この棚卸残高がわからないと、原価もわかりません。コンサルティングに入ってまだ棚卸ができていない状況だと、今月はやけに原価が高いあるいは低いけれどもその要因はよくわからない、といった状況が発生します。

なぜか多くの仕入れを行っているが、在庫が残っているのか使ったのかがわからない、責任者に聞いても正確な数量がわからない、といったことはよくあります。

棚卸を毎月見えるようにするのは確かに大変です。しかし、見えるようになります。取り組みさえすれば。

原価の削減を数%行いたくても、棚卸残高がわからないと可否がわからないのです。

確かに今月取り組んで来月できるような作業ではありません。しかし、できるようになります。

材料費
前月棚卸残高①
当月仕入れ②
当月末棚卸残高③
当月材料費（①＋②－③）

ある卸売業の会社で棚卸に取り組んだところ、決算月の年1回、まる1日かけて行っていた棚卸作業を毎月、月末30分でできるようになりました。この棚卸残高を見えるようにする作業の中だけで、原価率が3％も下がりました。

少し知恵と手間がかかりますが、やるだけで原価削減が数％できるなら取り組んで損はありません。半年から1年かけて取り組めばいいのですから。

他に、材料の使用量を削減する、運賃を削減する等、多くの削減方法があります。皆さんの会社の中で、取り組みやすいところから取り組んでください。たとえ年間1％削減でも、3年間で3％削減できます。

販売先からの値下げ圧力、原材料費の高騰など、原価押し上げ要因に晒されながら原価率を下げていくので大変ではありますが、成果は必ず出ます。しっかり取り組んでみて成果が出ない企業にはまだ出会っていません。

ただ、できない理由を並べて取り組まない企業はありました。残念な結果になってしまった企業に多いのですが……。

原価削減は必須、しかも可能なことです。是非それぞれの費目削減に取り組みましょう。

ポイント

棚卸をしっかりやれば原価がわかる！　原価がわかれば削減できる！

「数をカウントする」とは？

収支改善に取り組むときに、ご理解いただきたいのが「数を数えないといけない」ということです。

多くの会社に関与して初めのころに突き当たるのが「何もわからない」壁です。

「お客さんは何人来ましたか？」「レジで見たら売上人数はわかりますが、数えていません。ましてや来店客数なんてわかりませんよ」

「1日の営業1人当たりの訪問件数は何件ですか？」「うーん、5件ぐらいは回っていると思います」

「生産ラインでこの製品の生産、1時間当たり何個作れているんですか？」「日報にも昔はつけてたけど、今はないからわからない」
「今月の棚卸はいくつですか？」「棚卸は決算のときだけ。毎月数えるなんてできないよ」

つまり、経営改善には数が必要なのに何もわからないのです。売上を増やす、原価を下げる、経費を下げるときは、その数を増やす、または減らすのです。

1時間10個売っていたものを12個売る。1時間に10個作っていたものを12個作る。棚卸で10個だったものを8個にする。しかし、「何個」がわからないと何もわからなくなりますよね。よって数を数えることが必要になります。

数を数えるとは、数をデータで管理することです。いかに簡単に数えるかは、知恵を出して現場で協議するしかありません。

よく、製造責任者が「なかなか数をつけろと機械責任者に言っても、やらないんですよね」「日報はあるんですが、なかなかつけないんですよね」と言い訳されますが、数がわからないのに、作業の効率がいいのか悪いのかわからないですよね。

人は必要な作業はやりますが、不必要な作業はしません。必要な数字がカウントされないのは、責任者が数字の必要性を理解していないからです。

会社で一番偉い責任者は社長です。ですから社長がまず、数字の重要性を理解して責任者に実行を促すことです。責任者がやらないのは、社長が理解していないからです。社長が言い訳をして、必要な数字が何もわからない会社はもちません。必ず破綻します。責任者とは、数を増やす、あるいは減らすことの責任者ではないですか。にもかかわらず「現場がやらないんです」とは、責任放棄ではないでしょうか。

初めから、一言いえばできる現場なんてありません。なぜ数えないといけないのか、その数字がどんな意味を持つのかを理解してもらわないと、数を数えてつける作業は実行されないのです。

現場は今までと異なることはなかなか受け入れられないもの。そのために、責任者は現場と一緒になって、数の数え方から、増やし方、減らし方を検討するのです。

また、この数を数える作業は、機械がどんどんやってくれます。機械を導入して工夫もしていきましょう。

ポイント

数字で数えるのはコスト削減の第一歩

仕入原価を下げよう

製造業だけではなく、いろいろな業種で原価削減に取り組めます。

製造業の場合は削減余地が大きいので、多くのページ数を割きましたが、製造業でなくても仕入原価は下がります。

前にも述べましたが、ある卸売会社の場合、仕入値が1物1価のはずが、管理されていないが故に、1物3価になっていました。データ管理をできるようにし、1物1価にしただけで、原価率が3％削減できました。

飲食業では、サービスドリンクの扱いを変えるだけで売上が増加し、原価率が下がりました。小売業で仕入業者と交渉することにより、仕入れ値の引き下げに成功した事例も多くあります。

製造業での材料原価だけではなく、卸売り、小売りでも仕入原価が下がります。確かに販売は値下げ圧力に日々晒されていますが、仕入原価も削減の余地はまだまだあるのです。

卸、小売りで仕入原価を下げる方法として、メーカーと一緒に製品販売を行うというのもあります。メーカー営業より小売店、エンドユーザーに近い卸、小売りが、メーカーに提案して、より多く売れる製品を作ってもらうのです。小売り、卸から多く売れる提案・取り組みをしてもらうとメーカーは今まで以上に売れるので、納入価格引き下げに応じやすくなります。

決して、他社を押しのけて利益をむさぼるのではありません。現状で普通の利益を得られていないので、普通の利益を頂くことができるように取り組むのです。

従業員の給与、賞与をもっと増やすために取り組むのです。

これまでサポートした会社では、いろいろな社長に出会いました。中には「社員、お客さんよりも、とにかく親族の生活が維持できたらそれでいい」という方もいらっしゃいました。従業員やお客様から喜ばれず、ある意味、気の毒な方とは思います。せっかく社長をやるのであれば、従業員、お客様から喜ばれるようにしたいものです。ドラッカーも述べているように、社長の資質としては、やはり「誠実である」ということがとても重要だと思います。

利益を増加させて、従業員、お客様に還元していく。そのために何をするのか。

普通の会社では当たり前に取り組んでいることばかりで、ここまで、取り立てて特別なことは述べていません。

ただ、もし、まだもう少し利益が必要だ、金融機関から厳しいことを言われるといったようなことがあれば、ここに記載した内容だけでは少し足りないのかもしれません。もう一度組織を見直し、数字をカウントして、売上増加、原価と経費の削減に取り組みましょう。利益を継続的に出すことで、従業員やお客様、地域に大きく貢献することができる会社を作ってください。

ポイント

どんな業種でも経営は改善できる!

第9章

新製品を作って売上をさらに伸ばす

新製品開発は利益を出す重要ポイント

新製品を開発しましょうというと、どこの会社も「やりましたけど売れなくて」「なかなかうまくいきませんよ」などとネガティブな発言がたくさん出てきます。

確かに新製品開発は作ったからといって必ず売れるものではありません。開発コストもかかるし、苦労の多い作業ですので、皆さん諦めていらっしゃいます。

しかし、現状の取引先かつ現状の製品で戦っているだけではジリジリと売上を落としていくだけです。製品はいずれ飽きられてしまい、他社の新製品に負けてしまいます。

ですから、新しい製品の開発は継続しなければならないのです。

新製品開発でご理解いただきたいのは、簡単ではないし早々売れるものではない、ということです。新規取引先開拓も同じで、新規先を一つ開拓するためにどれだけ新しい先を訪問し、断られ、戦術を検討するでしょうか。同じように新製品開発も試行錯誤しながら行うのです。

たまたま先方から取引を持ち掛けられて新規取引が始まることもありますが、それでは宝くじに当たるのを待つようなものです。自社で開拓して手にすることができる仕組み、力を身に付けている会社は強いし伸びています。

ただ、拝見していると新製品開発は必要だと言葉ではおっしゃるのですが、全くその仕組みを作っていないところが大半です。新製品を作る仕組みはどのようなものでしょう。

一つはマーケットをよく観察して、ニーズを的確に取り込むことです。繰り返しますが、年間の売上の増加は2％程度で構いません。その増加の一部、たとえば0・2％を新製品で作る程度でいいのです。0・2％でも、新たな売上ができて、新たな販売先との取引ができる可能性があるとしたら大きな成果につながります。

そのためにマーケットのニーズをよく観察するのです。

ある会社は「なぜ御社のA製品は売れているのですか?」との質問に社長以下、営業社員に至るまで誰も答えられませんでした。つまり取引先とA製品の話をすることもなければ、マーケットに問うこともなかったことになります。売れているからそれでいいということではありません。

なぜ消費者はＡ製品を購入するのか、何に利用しているのか、なぜ自社製品を選んでくれるのか等、消費者が製品を購入する動機はさまざまです。その理由を一つでもつかむようにしましょう。そのためには販売先の担当者が持つ知見をヒアリングする必要があります。消費者に直接ヒアリングする必要もあります。すると、自社製品にもっとあったらいいと思われる機能、種類が見えてきませんか。

このように、新製品開発を行うことで、販売、製造、その他部署がマーケット、自社製品に目を向けるようになります。目の前のマーケットが同じ景色ではなくなってきます。その効果は販売額以上に大きな成果となって会社の業務に貢献していきます。

大きな成果が期待できる新製品開発、取り組まない手はありませんよね。

マーケットのニーズは日々動いています。昨日のニーズと今日のニーズは異なります。製品に対するニーズも同じです。動いているマーケットニーズに応える製品開発を行っていきましょう。

開発のプロセス

開発の手順はいろいろありますが、その手順について一例を述べます。まず、開発、販売はどのような形で行うのかを決めていきましょう。

たとえば、

目標を設定する――担当者を決める――マーケットのニーズを集める――開発製品を議論する――試作品を作成する――コスト、売価計算をする――試験販売する――本格販売をする

という流れです。順番に説明しましょう。

〈目標を設定する〉

目標を設定するとは、たとえば年間に１製品を必ず販売するとか、半期に３製品を

販売するということを決定するのです。

目標を設定すると、その目標達成に向けたアクションが伴いますので、ぜひ目標を設定しましょう。

〈担当者を決める〉

次に担当者を決めましょう。誰かに新製品開発の責任者になってもらいます。

新製品開発は生産、販売両部門、その他の関連部署とも関わる業務になります。中小企業の場合、製品開発部がないことが普通ですので、開発担当がいないのであれば、新たに選任するところから始めましょう。

よくあるのが、社長が担当者になるケースです。人員も少なく、致し方ないとは思いますが、できるだけ他の方にやってもらってそれを監督する業務を社長にはお願いしたいです。

営業、製造その他の多くの部署が関連する新製品開発ですから、社長が担当すると誰も反対できなくなり、検討の余地が失われます。

マーケットのニーズ、販売価格、方法等を議論しなければならない、しかもそんなに簡単に売れるものではないものを、社長や声の大きな人物にやらせるとどうなるか。答えは見えていますよね。社長が言うから仕方ない、作りましょう。社長が言うから仕方ない、売りましょう。結果、売れなかったのは社長がダメだから。それで成功するはず、ありませんよね。

せっかく新製品開発で、社内のメンバーの製品に対する取り組みもより進化したものになるところが、社長がダメだから……だけが残るのはあまりにも、もったいないです。

ですから、担当者は声の大きくない人がいいのです。

〈マーケットのニーズを集める〉

マーケットは日々動いています。

消費者はどんなものが欲しいのでしょう。それをつかむ作業を行いましょう。

たとえば、展示会に行ったら業界の情報を集めたりするのは当然ですが、やはり消費者の意見はとても大切です。

消費者はとてもよく見ています。最近はＳＮＳの発達でより製品に対する好き嫌い、高い安いの感覚が見えやすくなってきています。それらの情報も集めながら、場合によっては直接消費者にヒアリングしたらいいのです。

当社の製品を知っていますか？　どうやって使っていますか？　なぜ、当社の製品を買うのですか？

自社製品のコアなファンは存在するでしょうが、多くはその場で、なんとなく、価格やパッケージ等の情報をベースに購入しているケースが多いのです。こんなの欲しいなと思いながらも「これでいいか」と妥協しているのです。

その「本当はこんなの欲しいんだけど」はどんなものなのでしょう。なぜ当社製品を買ったのだろう、なぜ他社製品を買うのだろう等は、大切な情報です。

このあたりを営業担当にヒアリングしても「さあ、なんででしょうねえ」という答えが大半です。私はこのセリフが出るたびに「ああ、まだ鍛えられていないな、全然理解していないな、でも伸びしろがあって楽しみだな」と、ある意味嬉しく思うのです。

アンケートで、直接街で聞いてみるのも面白いです。意外と答えてくれますよ。マーケットニーズの取り方はいろいろありますが、方法も議論しながら取り組みましょう。

〈開発製品を議論する〉

取り込んだニーズをもとに、どの製品開発に取り組むか決めていきます。時間、コスト、効果を議論して、営業、製造、その他の部署の責任者がいるところで決定しましょう。

〈試作品を作成する〉

試作品は期限を決めて作成しましょう。製品のイメージ、製造手順、及びコスト把握を目的に行います。

〈コスト、売価計算をする〉

試作によりコスト算出ができたら、売価を計算します。

マージンから組み上げる方法とマーケットプライスから決定する方法がありますが、製品、マーケットにより異なりますので、議論をして決めていきましょう。

〈試験販売をする〉

一斉に販売する方法ではなく、できるだけ小さいマーケットで、今後の販売方法が検討できるデータが取れるところで販売するのがベストです。

なかなか大手企業のようにテストマーケティングできないとしても、懇意な取引先に協力していただいたり、特売製品として売ったりなどを検討して試験販売していくと、その後の修正が行いやすいです。

〈本格販売をする〉

試験的な販売を経て本格販売ができるようになったら、どうやって販売、製造するかを検討しましょう。なかなか大ヒットになるものではありませんが、場合によっては大ヒットになることもありますので、その場合の対応も検討しつつ、販売戦略を検討していきましょう。

このように新製品の開発は大きな影響を社内に及ぼすとともに、その開発のやり方もしっかりと取り決めていかないとなかなかうまくいきません。

「過去にもやったけど、うまくいかないよ」、それは当たり前のことです。新製品を販売しても、なかなか売れません。

売れにくいものを、それでも作っていくのです。しかし、新製品が社内に与える効果は大きく、時にはヒットにつながるのです。「うまくいかないよ」なんてぼやくのではなく、「どうやって新製品をうまく開発するか」に取り組んだ方が格段に楽しいですよ。

補章

従業員のモチベーションアップに取り組もう

人の心が変われば、会社が変わる

業績がよくない会社は、従業員の方々のモチベーションが低いなと感じることが多くあります。モチベーション＝社員の方のやる気です。

これは中小企業で感じることですが、元々、社員の方のモチベーションも大手企業に比べると低くなりがちです。大手は入社すること自体が難しく、入社後も社内、社外との競争に晒されているので、モチベーションは比較的高めの方が多いです。自らのやる気がないと、昇進、給与、人事などいろいろなことに支障が発生するからです。

それに比べて中小企業の方は、入社がそれ程難しかったわけではなく、他に行くところがないわけではなく、入社後もそれほど競争に晒されるわけではないケースが多いと思います。必然的にそんなに頑張らなくてもそこそこの成果が出るので、モチベーションは下がり気味になります。

そのため、社長、役員の方々はいかに社員の方々のモチベーションを上げるかを、大手企業以上に考える必要があります。

ところが、社長や役員の方々から、よく社員の悪口、愚痴を聞きます。

「あいつ、なんで数字が出ていないのにへらへらしてるんだ？　神経が抜け過ぎなんだよね。あんまり言うとパワハラになるから言わないけどダメだ、あいつ」といった話、多いです。

社員の方からも「うちの社長、なんであんなにわかってないんだ？　売れるわけないよ。もっと売れるもの作らないと、うちは先がないね。社長、ダメだな」って。

会社では皆、与えられた仕事を時間までやっておしまい、という状態はよくあります。もったいないなと思うのです。

確かに、素晴らしい従業員の方ばかり集まっているとは限りません。

しかし、それは大手も同じです。ある大手銀行でクライアントとお話ししているとき「社長は使えない人材が多くてうんざりするとおっしゃいますけど、この大手銀行の中も同じようなものです。使えない高給取りがわんさかいます。でも皆さん、なんとかしようと頑張っています。少なくとも社長より」とお伝えしました。

そんなにスーパーマンばかり集まる企業はありません。

能力とやる気を表でイメージすると次ページの図のような感じでしょう。

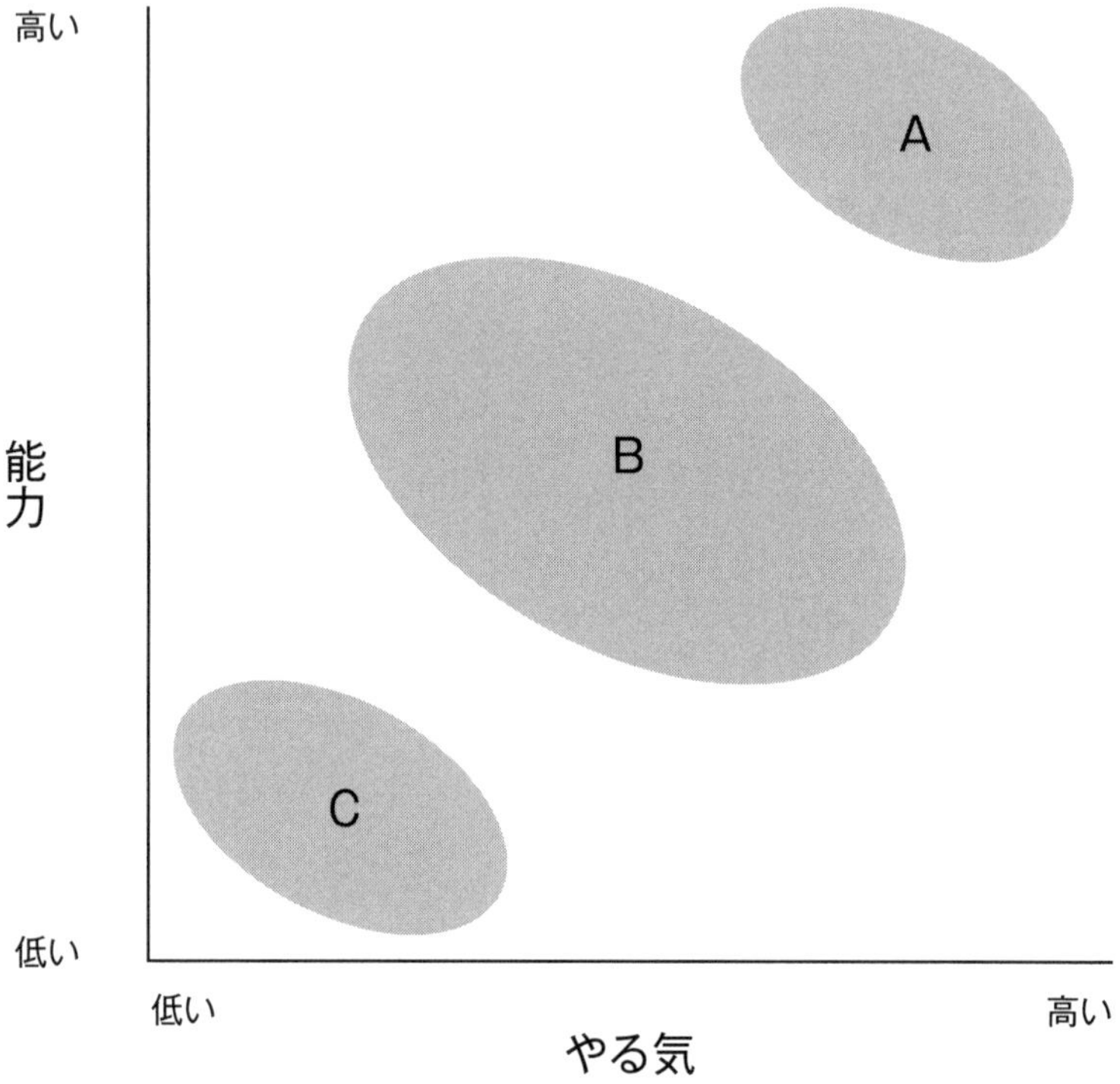
高い
A
能力
B
C
低い
低い
高い
やる気

A群の能力の高く、やる気満々の方。

B群の能力もやる気もまずまずの方。

C群のやる気も能力も足りない方。

中小企業はC群の方が多い印象です。にもかかわらず、会社側がそれほどやる気や能力の向上に向けた努力をしていません。とてももったいないです。モチベーションを向上させる工夫はいくらでもあるのです。

会社内はきれいですか？　オフィスを整理、整頓していますか？　大手で汚いところは少ないです。掃除をしています。身だしなみもきちんとしています。

なぜ、あなたの会社は掃除が行き届いていないのでしょう？　どうしたらきれいになるのでしょう？

「いつも言っているんだけど、うちの社員はダメなんだよ」

それって、社長がやる気になってないからですよ。

5S（整理、整頓、清掃、清潔、しつけ）。取り組んでいますか？

そこにすら取り組んでいなくて、社員の悪口を言っているのはおかしくないですか？

社員教育、やっていますか？

最近は、社員教育しようと思えば、外部の研修、セミナーがいくらでもあります。自治体、商工会もサポートしようと頑張ってくれています。大きな負担なく社員の能力をアップさせるチャンスはあるのです。

モチベーションアップに取り組んでいますか？

下を向いた方々ばかりではありませんか？

きれいな職場環境で、笑顔あふれる職場にしませんか？

確かに、仕事は簡単なものではありませんし、辛い時もあります。それでも、普段から社員が下を向いて、暗い顔をするような職場ではもったいなくありませんか？

楽しい職場作りは、取り組めばできます。知恵を使ってモチベーションの改善に取り組みましょう。

おわりに

私が事業再生に関与させていただき、もう20年が過ぎようとしています。その中で見事に再生した企業もあれば、なくなってしまった企業もあります。

この20年で事業再生の手法、法律、税法も大きく進化してきました。私的整理ガイドラインができたころは、「私的整理って何？」という会話がよく聞かれましたが、今は多くの方が知る手続きとなりました。

いろいろな会社の再生場面に関与しました。ある会社では、まだ再生途上なのに外部環境が急激に悪化して、資金繰りがつかなくなり、手形資金が捻出できない場面にも遭遇しました。

その会社の経営者の方といろいろな手段を講じ、もう不渡り、破産になることも覚悟しながら最後まで頑張って、その危機を乗り切ることができたときは、本当に事業再生に従事していてよかったと思いました。

その会社は今では、多くの利益を安定的に獲得することができる企業に成長しています。

再生する会社とダメになる会社の分岐点はどこにあるのだろう。

再生に関与し始めたときによく考えていた疑問です。再生できる会社とできない会社はどこが違うのか。幸運にも多くの事業再生の現場に関与させていただいたことで、その疑問の答えの少しはつかめたと思います。

それは経営者の経営のやり方にあるのです。答えは経営の現場にあるのです。決してその会社の製品や、取引先や、環境ではなく、その会社の中に答えはあります。

しかし、意外とその答えは理解されていません。

経営者の方、金融機関の方とお話ししても、社長の経営のやり方のここがうまくいっていない、現場のここがうまく回っていないなどといった議論にはなりません。何が悪いのか本人もわからないので、外部または社員の問題にしているケースがほとんどです。

従業員が悪いとか、なかなかいい人材が採用できないからだという話はよく聞きます。

従業員や外部環境が悪いと言い続けると、いつまでたっても改善に取り組めません。この本は従業員や外部環境の問題にしている方には、何も参考になることは書かれていません。

何とか会社を再生させたい、収益のあがる会社にしたい、従業員が喜んで働ける場所にしたい、と思う経営者の方への一助になればと思いこの本を作りました。

本書に記載した方法は会社の利益獲得の基本的な方法です。難しいことは述べていません。なぜなら赤字だった多くの会社が黒字維持できる会社に再生できていますので。なかなか利益を捻出できない経営者の方、是非本書を参考に利益捻出を行ってください。

そして、多くの利益を獲得して、従業員、お取引先様に還元してあげてください。

田中孝樹

【著者略歴】

田中孝樹（たなか・たかき）

株式会社日本ターンアラウンドパートナーズ代表取締役。整理回収機構にて 2002 年より事業再生業務に従事し、バス交通会社・大手建設会社・スポーツ用品メーカー・医療法人・食品メーカーなど、数々の再生案件を手掛ける。2008 年に独立し日本ターンアラウンドパートナーズ代表取締役に就任。

＜日本ターンアラウンドパートナーズ公式ウェブサイト＞

https://www.kk-jtp.jp/

今《いま》さら聞《き》けない中《ちゅう》小《しょう》企《き》業《ぎょう》経《けい》営《えい》のイロハを学《まな》ぶ やさしい経《けい》営《えい》改《かい》善《ぜん》の教《きょう》科《か》書《しょ》

2021 年 9 月 21 日　初版発行
2022 年 11 月 1 日　第 2 刷発行

発行　**株式会社クロスメディア・パブリッシング**

発行者　小早川 幸一郎
〒151-0051　東京都渋谷区千駄ヶ谷 4-20-3 東栄神宮外苑ビル
https://www.cm-publishing.co.jp

■本の内容に関するお問い合わせ先 …………………… TEL (03)5413-3140 ／ FAX (03)5413-3141

発売　**株式会社インプレス**

〒101-0051　東京都千代田区神田神保町一丁目 105 番地

■乱丁本・落丁本などのお問い合わせ先 ……………… TEL (03)6837-5016 ／ FAX (03)6837-5023
service@impress.co.jp
（受付時間　10:00 ～ 12:00、13:00 ～ 17:00　土日・祝日を除く）
※古書店で購入されたものについてはお取り替えできません

■書店／販売店のご注文窓口
株式会社インプレス　受注センター ……………………… TEL (048)449-8040 ／ FAX (048)449-8041
株式会社インプレス　出版営業部 ………………………………………………… TEL (03)6837-4635

ブックデザイン　佐々木博則（s.s.TREE）
DTP・図版　柳本慈子

印刷・製本　株式会社シナノ
編集協力　仲山洋平（株式会社フォーウェイ）
ISBN　978-4-295-40600-6 C2034